见识城邦

更新知识地图　拓展认知边界

了不起的古希腊

王冬妮 著

ἡ λαμπρὰ Ἑλλάς

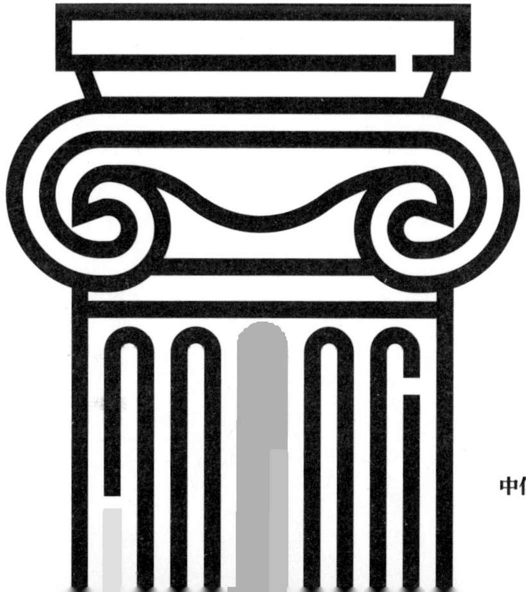

中信出版集团 | 北京

图书在版编目（CIP）数据

了不起的古希腊 / 王冬妮著 . -- 北京 : 中信出版社, 2020.5（2022.7重印）
ISBN 978-7-5217-1434-0

Ⅰ . ①了… Ⅱ . ①王… Ⅲ . ①古希腊—历史—通俗读物 Ⅳ . ① K125-49

中国版本图书馆 CIP 数据核字（2020）第 022397 号

了不起的古希腊

著　　者：王冬妮
出版发行：中信出版集团股份有限公司
（北京市朝阳区惠新东街甲 4 号富盛大厦 2 座　邮编　100029）
承 印 者：北京盛通印刷股份有限公司

开　　本：880mm × 1230mm　1/32　　印　　张：8.25
插　　页：4　　字　　数：195 千字
版　　次：2020 年 5 月第 1 版　　印　　次：2022 年 7 月第 2 次印刷
广告经营许可证：京朝工商广字第 8087 号
书　　号：ISBN 978-7-5217-1434-0
定　　价：58.00 元

一本为 21 世纪中国读者所写的古代希腊史

Preface

引子

我是一个很有趣的人。按常理似乎不应该一上来就这么高调地介绍自己，但本着实事求是的态度，这的确是我最为突出的品质。

转眼在这世上活了那么多年，我一直沉浸在有趣的事情中，其中耗时最久的便是对古希腊的探索。对于这个选择，我始终引以为傲，不了解的人根本无法想象古希腊何其有趣！本来自己开心也就罢了，奈何世道艰辛，逼得本人只得将心头宝拿出来分享，顺带兜售套现，贴补生活所需。

既然出来卖艺，那就说一下这本书到底有何独特之处，值得大家来捧个场。

这一切还要从最初接触古希腊那一刹那说起。当年倚仗小小天资和上天垂青，我进了一所很厉害的大学，可我非但没有感恩戴德，入学后仍对读书这件事颇为不屑，谁让课堂上的东西没有一样能打动我。

百无聊赖中，我神使鬼差地选了《古希腊文明》这门课，并开始随手阅览课堂读物。谁知一看就蒙了：原来世界上还有这么有趣的一群人，干了这么有趣的一些事！那感觉就像被高人开光，眼前流光溢彩，耳边仙乐袅袅，周身气血通畅。

被惊艳到的我毕业后义无反顾地去读了个虐人指数空前的古典学博士，不为别的，只为将自己喜欢的东西研究清楚。

出于这样一份初心，我绝不会让古希腊文明在我笔下损失一分一毫的鲜活和趣味。如果如此出彩的题材被写成一本让人昏昏欲睡的书，那我还有什么颜面去见地中海父老？

更何况爱琴海的这群人虽然第一眼看上去有些奇葩，和华夏民族相差不止十万八千里（这既是比喻，也是事实），他们身上的故事却跌宕起伏、扣人心弦，让接触过的人无不为之倾倒。

然而，真正优秀的历史不但要引人入胜，还要有哲理和思考。

长久以来，古希腊被视为现代欧洲文明的起源，一直被全世界的人顶礼膜拜，这绝非偶然。

早在 2500 多年前，古希腊就为西方的哲学、政治、艺术和文学等多个领域树立了一套至今仍被奉为经典的规范和标准。与此同时，从 18 世纪开始不断积累的学术成果大规模地填补了我们对这个古老文明认知上的空白。其中涉及的各种知识非常有价值，但在这里，它们不会以枯燥沉闷的教科书形式出现，而是润物细无声地穿插在流畅的叙事中。

最后，如若这短短 200 多页文字不仅能打动和吸引读者，还能通过解读古希腊人的政治理想而引发对当今社会全新的洞察和审视，那作者便是功德圆满，称心如意了。

为了不让古希腊人佶屈聱牙、其长无比的名字吓跑读者，本书在部分人名的翻译上适当简化和汉化。

如此声势浩大的广告就此打住。言归正传，古希腊文明之旅即将起航。

Contents

目录

上古演义

Chapter 1

Chapter 3 深不可测的《奥德赛》

四海战歌

Chapter 2

Chapter 5 硝烟四起

历史的开启

Chapter 4

了结恩仇

古风时代

雅典的民主

番外

Off the coast

才情绝代
Chapter 6

诗词大家

CHAPTER 1

上古演义

第 1 章

传奇之初

1 ╱ 不一样的运动会

精彩无比的古希腊要从神话开始讲起。

在最初的记忆里，神界与人类的命运紧密纠缠，而一切都发生在“遥远的过去”，也就是年代记录出现之前。这是什么概念呢？古希腊最悠久的历史事件是在奥林匹亚举办的一场运动赛会，日期为公元前（耶稣诞生前）776 年。以此推算，神话的时代至少远早于此年（有学者认为限于公元前 11 世纪到前 9 世纪的“黑暗时代”，也有的追溯到更早的青铜时期）。我们不妨想一下，那些在过去 200 年里风头正劲的欧洲人，比如德国人、英国人、法国人，在公元前 8 世纪都在做什么呢？准确的答案是这些民族根本还未诞生，天晓得他们四处游荡的祖先是在野地里采蘑菇，还是在天空下数星星。

总之，当西方其他族群还没有在史书里留下痕迹时，古希腊人就在公元前 776 年搞出了第一件大事：一场有组织、有纪律的短跑比赛。

那一年，一群来自不同地域的少年快乐地聚集在希腊西部的奥林匹亚圣地。他们光着脚，赤着膊，在宽广的平地上疯狂赛跑。远远望去，烈日下那些矫捷的身躯有如移动的黑点，轻盈又优美。嗨翻了后，大家意犹未尽，决定以后这项活动每四年都要举办一次。慢慢地，比赛项目从原来的两百米赛跑增加到拳击、掷铁饼、战车比赛等，此外还有文艺类的唱歌、乐器和诗朗诵。有一年，一位短跑选手因为太热，把自己身上唯一遮挡私处的短布当众扯掉，来了个彻底的裸奔——结果获得了第一名。从此以后，古希腊人在竞技时都赤身裸体。对他们来说，拥有健壮体格和古铜色皮肤的男子是美的象征，正好可以大方地展示。相比之下，只在海滩秀身材、拗造型的我们还是太保守了。不过裸体不是重点，让人讶异的是参赛者不远千里前来共襄盛举，既不是为了获得巨额奖金，也不是迫于来自集体的压力，因为冠军的奖品只不过是一只橄榄冠，而后来代表国家的城邦在当时尚属雏形。他们对这项活动充满热情，这完全源自对相互切磋和展现自我的强烈渴望。这些酷爱运动的青年才俊在赛场上互不相让，但又遵守着平等友好的原则，演绎了最经典的奥林匹克精神。相比之下，和希腊隔海之遥，位于地中海南部的古埃及，遗留给后世的是千万名奴隶建造的金字塔；而在希腊以东，横跨两河流域的波斯帝国，流传后世的是为统治者歌功颂德的石碑与宫殿。当其他文明靠威权和武力彪炳史册时，只有古希腊人仅仅因为“沉迷于赛事”，也能名垂青史，你说厉害不厉害？

2 谁是宙斯？

一个既非政府组织，又无企业赞助的民间活动能办得那么有声有色，与信仰是分不开的。据说希腊人为了纪念天帝宙斯击败自己的父王，才创建了神圣的奥林匹克赛会。对神灵的敬畏和对英雄的崇拜自然而然地提高了世人的觉悟，并规范了他们的行为。刚刚提到的宙斯，就是六界的核心。传说中，世界万物一开始处于混沌和纷争的状态，直到宙斯统治下，人类才开始蓬勃发展，文明才变得井然有序。

那么，宙斯到底是何方神圣？作为众神之首、天庭之王，宙斯的早期经历也颇为曲折，可以说是演绎了一出从苦孩子到成功人士的励志戏码。为何宙斯童年不幸？在中国传统文化中，父权人物被设定为仁爱无私的典范，如尧、舜、禹、汤，但古希腊正好相反，在上古阶段，掌控天下的一家之首昏庸残暴，肆意残害下一代。宙斯的爷爷和爸爸就是这方面的“杰出”代表，害得宙斯这个“王三代”非但没办法在大树下乘凉，还要靠一己之力披荆斩棘，绝处逢生。这位白手起家的大神是如何坐稳天下，摆脱祖上为父不仁、为君不义的传统的，且让我们往下看。

3 / 开天辟地

最初，宇宙万物还只是一个空荡荡的巨大黑洞（称为 Chaos，但这个词与后来英文意思的“混乱”不太一样）。大地之母盖娅最先诞生，紧接着便是爱欲之神和深处地下、远离日光的九重地。一日，盖娅一鼓作气，生下穹苍和四海，还有黑夜和死亡、白日、痛苦、睡眠、命运三女神等（古希腊的许多神灵都代表抽象概念）。穹苍和四海后来变成了大地之母盖娅的伴侣（当时就那么几个神，所以也顾不上乱伦的大忌）。就这样，天与地、地与海互相结合，繁衍了一大堆孩子，让宇宙变得热闹起来。其中来自盖娅与穹苍的后代里，第一批为 12 个泰坦（Titan），共有 6 男 6 女，接下来的一代为 6 个怪兽，分别是 3 个独目巨人和 3 个百手巨人（要知道，近亲结婚生下畸形儿的概率很大）。

穹苍非常不待见自己的骨肉，特别是外形奇特的怪兽，于是他强行压在妻子身上终日求欢，将最小的 6 个孩子堵在九重地的最深处，不让他们“出生”。大地之母因体内被塞满，终日痛苦不堪，呻吟哀叫。她恳请自己的儿女对穹苍采取行动，但所有泰坦都惧怕天神的淫威，唯有最小的克洛诺斯（Kronos，以下简称“克洛诺”）敢于出头。于是在一个酝酿已久的计划中，他趁父母亲热之际，用镰刀割去了穹苍的男性器官。这刚猛的一刀挥下之后，天和地才得以分开，年青一辈终于“落地”，接触到阳光和空气。有人可能会说，这岂不与盘古的开天辟地大同小异，有什么了不起的？您放心，相似之处仅此而已。对比起来，古希腊各位大神花式作妖、惹是生非的指数可以说完爆中国一干慈眉善目的神仙，不信就继续看。

4　又来一恶爹

这样一来，照理说大家终于可以过上好日子，天下也就太平了。然而，基因还是很强大的，新一任泰坦领袖克洛诺在取代父亲后竟重蹈覆辙。因为有预言称他的位置也会被后代取代，于是克洛诺在娶了姐姐瑞亚后，又开始暗算自己的孩子。可以说，古希腊的天君个个都是实力坑儿。但神的孩子终归也是神，有不死之身，所以如何对付自己的后代让克洛诺颇伤脑筋。此君想出的办法简单粗暴，就是将刚出生的孩子直接吞入腹中，其野蛮程度与其父相比有过之而无不及。中国有"虎毒不食子"的谚语，却被古希腊生生地打脸了。

哪里有压迫，哪里就有反抗。待最小的儿子宙斯出生之后，瑞亚终于想出了一条计策：将石头裹块布让克洛诺吞下，糊弄过关——竟然还得手了。在这个细节上，可以看出克洛诺要么眼神太差，要么智商堪忧（敲黑板，吃货们请共勉之），可强行吞食后代的做法终有隐患。真正的宙斯被偷偷送到克里特岛上，隐藏在一个山洞里，由当地的神女用山羊的奶精心喂养。为了掩盖婴儿宙斯的哭闹声，克里特岛的山神们还不分昼夜地跳起了喧闹的战舞。在众人的帮助下，宙斯不但侥幸存活下来，还最终一统天下。看来"天将降大任于斯人也，必先苦其心志，劳其筋骨，饿其体肤”这句话在任何地方都适用，包括地中海。

5 新人新气象

宙斯长大成人后，向睿智之神讨教如何对付自己的父亲。在这一点上，可以看出宙斯是最早懂得“知识就是力量”的典范，与他那只会使用蛮力、热衷家暴的爸爸克洛诺和爷爷穹苍截然不同。睿智之神给了宙斯一剂灵药，克洛诺被骗喝下后（我们在前面已经见识过这位天君的智商），顿时胃里翻江倒海，不由自主地将腹中的子女全数吐了出来。宙斯的哥哥姐姐们就这样重获自由。他们马上团结起来，组成复仇者联盟，向上一辈泰坦族开战。但是泰坦族神多势众，且法力过人，所以这一仗打了十年也难分胜负。最后大地之母、当年饱受欺压的盖娅，同时也是宙斯的奶奶，吐露了一个预言：如果宙斯能从九重地把他的巨人舅舅们救出来，便能战胜泰坦族。宙斯听从了这个建议，杀死关押巨人们的守卫，将他们释放。独目巨人感念其恩，为宙斯打造了一副雷霆劈，给他二哥海神波塞冬配置了一个三叉戟，给大哥黑帝斯（Hades）设计了一顶隐形帽。这样一来，宙斯左一下闪电，右一下霹雷，波塞冬手持三叉戟，上下挥舞，黑帝斯戴着隐形帽，神出鬼没，把泰坦神给看蒙了。在宙斯团队获得压倒性的科技优势后，这场僵持了十年的战争终于落下帷幕。这下轮到宙斯下令将落败的泰坦族关押，由百手巨人看管。于是在以后的古希腊神话里，泰坦族正式杀青。

在神话的初期，我们就已经可以看到中西文化出发点的不同。中国文化思考的是如何做忠臣和孝子，而古希腊神话展示的却是君主无德、家长残暴。因此，弑君杀父在中国是大逆不道的行为，但在古希腊却是改善社会秩序的有效手段，也就是所谓的“造反有理，革命无罪”。于是产生了一个有趣的现象：尽管希腊神话毫不避讳争斗、暴力和情欲，也不特别强调社会团结、家庭和睦，可在它洗礼下的古希腊社会非但没有礼崩乐坏，反而建立起一套充满人性的制度和法律。

宙斯和泰坦族的这场战役结束后，宇宙秩序在这个第三任天君的统治下基本稳定下来。想想这个少年一出生就险些殒命，亏得神女用山羊的奶喂养才存活下来，接下来苦战十年，靠老祖母的一句提示才战胜敌人。但宙斯能逆天改命，最重要的还是得益于他自身的优点。他从善如流，尊重知识，善用计谋，才成功登上了天君的宝座。

欲知宙斯如何巩固自己的王位，而不重复父辈的悲剧，请看下回分解。

一统天下

1 / 宙斯的合伙人

宙斯打败对手后，完全可以排挤功臣，唯我独尊。归根结底，他确实是凭实力夺取了天下，积攒了可以嚣张的资本。难能可贵的是，宙斯与他的爸爸和爷爷不同，他并没有走上这条唯我独尊的老路。宙斯治理世间的特色在于懂得协商妥协和分享权力。他上台后立刻将重要封地归到他的两个哥哥——黑帝斯和波塞冬名下。宙斯分配疆域的方法也很公平：他将世界一分为三，然后通过抽签决定其归属。大哥黑帝斯抽到九重地成了冥王，二哥波塞冬获得大海成了海王，宙斯则赢取天空成了天君（当然，在很多传说中，波塞冬常常庇佑反面人物，所以此君的形象有一定损失，黑帝斯由于掌管阴间，因此沾染了阴气，所以还是宙斯最具主角光环）。除此之外，宙斯的好几个子女也与父亲一起掌管天下。在他们当中，除了冥王黑帝斯长期栖息地下外，其余都居住在位于希腊北部、高耸入云的奥林匹斯山上，因他们共十二位，故被世人敬称为奥林匹斯十二天神。

2 ╱ 天君的另一半

赫拉是宙斯的姐姐，同时也是天君的官配——这个长姐为妻的传统一时还丢不掉。抛开乱伦这点，两人可以说是门当户对。赫拉的主要职责是婚姻和家庭，然而讽刺的是，她的丈夫风流成性，善用强大的法力逼迫其他女子就范，所以母仪天下的赫拉一点也不幸福。据记载，为了接近浑然不知的美女，宙斯有一次化身为一头天真无邪的野牛，还有一次变成一只高冷美丽的天鹅，然后都是趁目标不备之时将其掳走。在《荷马史诗》中，宙斯有一次和赫拉躺在床上时，把他曾经的艳遇对象公然回忆了一遍，然后信誓旦旦地说，他对她们的喜欢程度远远比不上对老婆的浓浓爱意——我敢求赫拉此时的心理阴影面积！宙斯和赫拉的关系时常剑拔弩张，贵为天后的赫拉也不得不经常上演手撕小三的戏码，也不管别人是主动勾引还是无辜受害。

需要指明的是，尽管古希腊男权盛行，但在法理上自始至终只承认一夫一妻，所以每次宙斯被老婆察觉到出轨时，都会恼羞成怒，气急败坏，因他自知理亏。这与中国古代的情况又有不同：中国古代男子可以光明正大地拥有三妻四妾。为了赢得丈夫的欢心，女人们只能在暗地钩心斗角，但却得不到舆论上的公开支持。另一方面，不管宙斯在婚姻上如何不忠，赫拉作为天后也不是吃闲饭的。比如在希腊与特洛伊的战争中，她坚定地站在希腊这一边，与天君对着干，结果最终希腊人胜出，可见赫拉的权势不容小觑。

3 / 四季的由来

接下来我们要讲的是宙斯的另一个姐姐德墨忒耳（Demeter，以下简称“德墨忒”）。在泰坦战败后，身为泰坦族的大地之母瑞亚就此退位，由德墨忒接管所有有关土地的事务。德墨忒有个女儿叫珀尔塞福涅（Persephone，以下简称“珀尔塞”），长得花容月貌，被冥王黑帝斯一眼相中。黑帝斯平时宅在地下，不太出来走动，即便出访人间，也会戴上隐形帽，因为他的模样在大白天能吓死人。黑帝斯掌管了九重地后，将其用来接收所有亡灵。死去的人来到这个黑暗的冥间都要接受审判，然后渡过一条河，把前身彻底忘却——这个过程有如喝下中国传说中的孟婆汤。黑帝斯偶然出游地上，竟对珀尔塞一见钟情。可惜这姑娘和大多数古希腊女神一样，走的是禁欲路线，再加上冥王面貌阴森，又是钢铁直男，两人之间没有半点火花。

黑帝斯可不会轻易放弃。他的对策就是直接把珀尔塞拐跑，这粗鲁的做派和他的天君老弟宙斯如出一辙！可怜的珀尔塞被带到幽深的冥间后，从此与妈妈天地两隔。母女连心，德墨忒这下抓狂了，四处疯狂地寻找女儿，不再滋润土地，看护植物。据一个传说记载，她流浪到了一户凡人家庭，照看其幼子。白天，她是名普通的保姆；晚上，她关起门来用圣火逐步烧掉小男孩的凡人肉身，让他不朽。但有一次不巧被女主人撞到了，一下子前功尽弃，坏了大事。所以，貌似神神道道的中年妇女切记不可小看，说不定她们就是身怀绝技的高人。在德墨忒出走一阵子后，宙斯终于出面了。草木粮食不长的后果是灾难性的。如果人类都饿死，神灵就得不到祭祀，也要饿肚子。于是，宙斯和黑帝斯商量妥协之策，冥王不得不给天君一个面子，同意放珀尔塞回去，但地府有一个不成文的规定：但凡碰了那里食物的人都永世不得离开。珀尔塞虽然对男性无感，无奈却是个吃货，在地下看到一个鲜美欲滴的石榴，就忍不住偷偷品尝了几口。这几颗石榴籽下肚之后，德墨忒夺回女儿的计划就此泡汤。最后，还是宙斯制定出一个折中方案，让珀尔塞大半年在地上陪伴母亲，剩下的时间在九重地做冥王的妻子。如此人间便有了四季：当珀尔塞不在母亲身边时，万物凋零；当她回来后，万物复苏。通过这类解说，希腊人在大自然与性格鲜明、情感丰富的神灵之间建立了紧密的纽带。反倒是中国的“天”，所谓“天若有情天易老”“天道无常”，总让人觉得有些变幻无常，难以捉摸。因此可见，西方思维比较抽象和理论化这一说法在历史早期未必站得住脚。

4 ／ 神奇的海沫

接下来介绍的是爱神阿芙洛狄忒（Aphrodite，以下简称“阿芙洛”）。世上不少宗教都排斥美色和爱欲，但在古希腊的文化里，爱神的地位却出奇地高，非但与一干神仙平起平坐，而且还冠冕堂皇地受世人朝拜。阿芙洛的出生也十分独特：当年克洛诺一镰将老爸的私处割掉，鲜血流入大海而产生白色泡沫，就演化成了爱神。这么看，阿芙洛其实资格很老，在宙斯诞生之前就已现世，可见爱欲是多么不可或缺。有一部叫《希波吕托斯》(*Hippolytus*)的悲剧，出自古希腊著名的三大悲剧大师之一欧里庇得斯，凸显的就是阿芙洛的霸气。男主角希波吕托斯是走禁欲路线的高冷王子，发誓要终身追随守身如玉的女神阿耳忒弥斯（Artemis，以下简称“忒弥斯”），与她一同在丛林中以打猎为生，远离世俗，抵制情欲。这可惹怒了爱神，于是她设计让王子的后妈爱上了他。事情暴露后，后妈选择自杀，死前留下一封遗书，反诬王子轻薄她。国王看到这封信后，震怒不已，将自己的儿子诅咒而死，上演了一出十足的古希腊悲剧。可见，爱欲的力量不能小看，强行禁欲也无善果。

5 ╱ 了不起的下一代

讲完宙斯的同辈和前辈，我们接下来介绍他的众多子女。宙斯和妻子赫拉生了一个儿子叫阿瑞斯，他是战神，更是彻彻底底的战魔。此君一听到鼓角争鸣就热血沸腾，一看到兵刃相接就精神亢奋。据说阿瑞斯盔甲从不离身，连睡觉时都穿着，唯恐错过突发战事。更夸张的是，阿瑞斯有时还交替参加两边阵营，只为能多打几下。有一次，宙斯被无休止的战乱逼疯，大骂这个孽子嗜血好斗，在神界里最十恶不赦。说是这么说，但武斗对希腊男人有致命的诱惑，若想让这个根深蒂固的传统彻底消失，恐怕连众神之父也无能为力。

天帝和天后还有一个儿子叫赫菲斯托斯（Hephaestus，以下简称“赫菲斯”）。与高大威武的战神哥哥不同，赫菲斯天生是个残疾。由此看来，“龙生九子，品行各异”这话的确不虚。据说赫菲斯出生后，赫拉对这个有缺陷的儿子十分嫌弃，于是一狠心将他从高耸的奥林匹斯山上扔了下来。神的儿子既不会死也不会伤，于是刚蹒跚学步的赫菲斯在山下狼狈地站起来，自己跌跌撞撞走回山顶。试想这个婴儿当时的心情该是何等凄凉：一生下来就爹不疼，娘嫌弃。神仙也并非一帆风顺啊。这个坎坷的身世或许对赫菲斯的职业选择产生了重大影响。为了出人头地，他拼命狂学技能，将毕生精力投入打铁和手工业。虽说这行当听上去有点俗，但是“工欲善其事，必先利其器”，各界中常有人来请赫菲斯制造兵器或法宝，工匠和手工艺人更是尊他为铁神。靠日积月累的踏实苦干，赫菲斯广结善缘，香火旺盛，开创出一番天地，其风头甚至要压过其他神仙。最有意思的是，他的妻子正是倾国倾城的爱神阿芙洛。婚后，阿芙洛趁铁匠外出做工之际，与大伯子阿瑞斯勾搭上了。用一句流行的话来说就是“扎心了，老铁”。既然大家都是神仙，赫菲斯奈何不了自己的哥哥，便想出个主意，给他们一点教训。在下一次外出前，他在床上设下埋伏，当阿芙洛和阿瑞斯又一次忘我激情时，机关突然启动，将两个衣冠不整的男女牢牢锁在了床上。接着诸神被请来参观这个“出轨门”的真人现场，大家对这二人极尽嘲笑和谩骂，这可真是“工匠妻，不可欺”。

接下来我们要讲的是雅典娜。雅典娜的出生更不同寻常，她并非从母亲腹中孕育而生，而是直接从宙斯的头颅里蹦出。她一出世就穿戴着全副盔甲和战袍，让天君对这个英姿飒爽的女儿刮目相看。雅典娜掌管的是战争、智慧和手工业（最后一点抢了赫菲斯的饭碗）。她在《荷马史诗》里举足轻重，经常是各路英雄的神助攻。最重要的是她跟雅典的渊源——雅典之名就是源于她的名讳。如果在选择庇护哪个城邦上也讲点运气的话，雅典娜就等于中了头彩。在后期历史（公元前 480—前 323 年的古典时期）里，雅典称霸一方、光芒万丈，搞出了一个前无古人、激动死后人的民主制度。不但如此，雅典在军事、经济上均出类拔萃，在文史哲方面更是无情吊打邻邦。这几年经常有学者言之凿凿地称要在古希腊研究中摆脱雅典中心主义，可是 90% 以上的史料出自雅典人或与雅典有关之人，所以口号喊得再响也只能是喊喊。因为这个特殊关系，雅典娜在古希腊的地位更加非比寻常。

6 / 难搞的双胞胎

最后，让我们来介绍一下阿波罗和忒弥斯。这两人是对龙凤胎，母亲是宙斯众多女友之一的勒托。勒托怀上他们时，因为遭受赫拉的迫害而无处安身，最终流落到了提洛岛。虽在娘胎里就颠沛流离，但这并不影响阿波罗的不同凡响：据说他出生后奶都不喝，只饮了几口仙水，便跃出襁褓，外出打拼事业去了。最初，阿波罗高调地向古琴表白，称其为一生挚爱，于是就成了音乐之神。不久，他又决定向人类传达神界的旨意，为此，他在德尔斐（Delphi）一块被视为宇宙肚脐、万物中心的风水宝地设立了自己的神谕所。那里的一个说话模棱两可的老太婆被任命为他的专属女祭司。女祭司显灵时威武地坐在一个矮胖的三角凳上，开口前先吸入地缝中飘出的“仙气”（考古学家认为那是含有乙烯的地下气体），然后开始神情恍惚地吐露一些似是而非的“天机”。

在接下来很长一段时间里，德尔斐的阿波罗女祭司备受推崇，成了千里之外的外国权贵通灵品牌。古希腊大大小小的城邦，有名无名的人物，都专程派人去那里占卜问卦，排忧解惑。就凭这一点，阿波罗就频繁出现在历史记载里。可但凡搞艺术的都有点难伺候，这位太阳神兼乐神也不例外，他自命清高，脾气暴躁。比如，有一位希腊王后，膝下有七子七女，因此得意忘形，炫耀自己比阿波罗和忒弥斯的母亲勒托还有福。结果，这对擅长射箭的双胞胎举起闪亮的银弓，阿波罗对着她的儿子们，忒弥斯对着她的女儿们，各发 7 箭，瞬间将所有孩子在他们的母亲眼前全部射死。由此可见，千万不要惹这对双胞胎。当然，奥林匹斯天神里任何一个都不能得罪。不幸的是，这 12 位大佬的兴趣、想法和爱好都不尽相同。要如何做才能谁都不触犯，可是凡夫俗子面临的一大难题。

7 ╱ 权力的限制

由于篇幅所限，这 12 位天神的故事无法一一叙述，感兴趣的读者可以自己找书来补充。总之，神界并无一个特定等级制度来巩固特权，也没有下属、侍卫或军队来强行执行命令。当神仙们意见不合时，需靠个人的能力，也就是凭自己的本事和威望来说服对方。就连作为天庭之主的宙斯，其权势也受限制。当众神联手对抗他时，宙斯也讨不到多少好处。《荷马史诗》中就记载了这么一则故事：赫拉、波塞冬和雅典娜因对宙斯不满，把他抓起来用铁链锁上，幸好神女西蒂斯（Thetis）将其解救。另外，无论宙斯的神力多么强大，也扭不过命运三姐妹，因为她们最终决定历史。从以上例子中，我们可以看出，尽管宙斯的头衔最大，拥有让宇宙万物都惧怕的雷和闪电，也不能为所欲为。因为权力的限制，神界里的冲突和中国的宫斗不一样。希腊神话中的诸神拼的不是铁腕和心机，而是才能和号召力。一旦有利益冲突，要么靠公平竞争来裁夺，比如雅典娜和波塞冬为谁来做雅典城的守护神而进行的公开竞争；要么通过多方商讨和投票来决定，比如众神对俄瑞斯忒斯（Orestes）杀害自己生母是否有罪的集体审判。在《伊利亚特》和《奥德赛》里，各路神仙就是因为到底让希腊还是特洛伊胜出，或到底放不放奥德修斯回家而无法达成共识，才引申出无数跌宕起伏的篇章。

那么，这些惹不起的大神是怎样搅弄风云，挑起希腊和特洛伊两地的深仇大恨的，请看下回。

大战前夕

1 ／ 被算计的婚礼

奥林匹斯十二天神封神后不久发生了一件大事：希腊和特洛伊之间的生死大战。神话将这场历时十年、死伤无数的争斗归罪于一场婚礼：当时的新娘是神女西蒂斯。此女可不简单，曾亲自解救过宙斯，还被宇宙之父看上。有预言称，她所生之子会超越其父。这让宙斯胆战心惊，因为他的爷爷和爸爸都被自家儿子拉下马，前车之鉴历历在目，怎能让天君无所顾忌。所以尽管西蒂斯貌美如花、倾国倾城，但为防不测，宙斯还是忍痛割爱，硬把她下嫁给了凡人珀琉斯（Peleus），一个统治希腊北部塞萨利（Thessaly）的国王。

照理说这场联姻消除了对宙斯的潜在威胁，替四海八荒铲除了不稳定因素，理应普天同庆，人神共贺，但新娘和新郎唯独没请不和女神厄里斯（Eris）前来参加婚礼。试想一下，谁愿意自己婚后的日子矛盾不断？可俗话说，“是福不是祸，是祸躲不过”，厄里斯为此怀恨在心，将一个刻着“专属六界最美”的金苹果掷到了宴会上。不得不说，这个制造争端的伎俩的确立竿见影。爱神阿芙洛、智慧之神雅典娜和天后赫拉看见后立即跳出来，都说这个金苹果属于自己。三位女神针锋相对，互不相让，眼看就要兵戎相见，这时宙斯这个和事佬出面了。他说：“不如你们去问一下在艾达山下放羊的特洛伊王子帕里斯（Paris），让他来裁定。”既然天君开口了，大家也要给个面子，于是这三位女神马上抛下正在举行的宴会，风风火火地赶到艾达山，各自使出浑身解数来贿赂帕里斯。可能有人要问一句，好好的特洛伊王子，没事到山上放什么羊啊？原来帕里斯一出生，也有一个预言，说他是特洛伊的灾星，于是被送到遥远的艾达山。但命运岂可如此随意地改变？这不，好好放着羊，突然来了三位强势的天神，都竭力游说帕里斯投自己一票。天后赫拉说要让他成为权倾一方的国王，女神雅典娜许诺给他独一无二的智慧，而爱神阿芙洛则愿意赐予他世间最美的女人。结果，帕里斯同学将金苹果义无反顾地判给了阿芙洛，喜出望外地坐等迎娶世间第一美女。原来偶像剧里不爱江山爱美人的先河早在上古时期就被特洛伊人开创了。

2 ╱ 美丽的海伦

接着，帕里斯到希腊的斯巴达做客，国王墨涅拉俄斯（Menelaus，以下简称“墨涅拉”）盛情款待。此人的老婆不是别人，正是古今中外第一大美女海伦。海伦有多美？古人的描述可不是她的眼睛有多大，脸有多小，鼻子有多挺，那就太落俗套了。16 世纪的英国诗人说海伦拥有一张启动了无数军舰的脸，指的就是后来希腊人为了她而不远千里向特洛伊宣战。在《荷马史诗》里，敌人已兵临城下，特洛伊的老国王普里阿摩斯（Priams，以下简称“普里摩”）和身边的一群幕僚在城墙上视察军情。这些德高望重的老者无意间回身看到站在远处、风情万种的海伦，忍不住感叹：“如此级别的尤物，怎能怪特洛伊和希腊的男人甘愿为她跋山涉水，九死一生？”这样的女子如果放到中国古代，还不被老夫子们的唾沫星子直接喷死？

不错，海伦成为帕里斯的奖品时已是有夫之妇，名花有主了！然而这难不倒爱神阿芙洛！她让海伦瞬间变了心——至少海伦对外一直是这么解释的。古希腊人很少自责，有事没事都怪神灵不好，连希腊的三军统帅阿伽门农（Agamemnon，以下简称“孟农”）在全体将士前致歉时都宣称自己是被某个神灵蒙蔽了心智。总之，在一个月黑风高的晚上，海伦和帕里斯携手私奔，还卷走一大批贵重物品。这起出轨事件不但冒犯了墨涅拉一家，还将希腊的其他王子牵扯进来，原来当年海伦被全希腊的贵族子弟追求。为了避免内战，大家立下一个誓言，承诺共同保护有幸娶海伦回家的王子，如若此人被侵犯，必群起而攻之。这就是著名的《荷马史诗》中关于特洛伊战争的由来（下一章将详述）。客观事实是一群古希腊人跨越爱琴海去攻打特洛伊城，但在神话版本中，侵略的队伍却变成了正义之师：是帕里斯先违反了宾主之礼，拐人之妻，夺人之财，逼得希腊众王子不得不出头。虽然在传说中，希腊人占了道德制高点，但荷马对特洛伊人赞赏有加，特别是他们中的头号英雄赫克托耳，害得不少读者认为赫克托耳才是

《伊利亚特》的男一号。

有关海伦和帕里斯私奔的说法由来已久。但到公元前 5 世纪，也就是古希腊的古典时期，有人开始对此神话记载提出质疑。被后世称为“历史之父”或“谎言大师”的希罗多德（Herodotus）认为海伦在私奔的路上被扣在了埃及，而非流落到特洛伊。他给出的理由是，如果海伦真的在特洛伊人手中，他们绝不会冒着被屠城的危险而拒绝交她出来。比他稍稍年轻一点的历史学家修昔底德（Thucydides）则更毫不客气地指出，希腊和特洛伊开战的真实目的就是为了控制达达尼尔海峡的周边领域，跟兑现誓言这种冠冕堂皇的说辞毫无关系。希腊人的军队也不可能像《荷马史诗》中描述的那般规模壮观，因为当时的客观条件难以支撑如此庞大的人马。通过这些充满思辨的论证，希罗多德和修昔底德无形中狠狠反驳了荷马。作为古希腊杰出的历史学家，他们并没有刻意抬高自己的祖先，为“胜利者”颂德，也没有唯古是从，人云亦云，他们所做的是最可贵的：无畏地提出自己的看法。

3 ╱ 不信邪的谢里曼

那么，这场战争事实上是什么样的？历史的真相又是什么？从文艺复兴开始，古希腊和古罗马文明在漫长的中世纪里被遗忘后又再次被发现和传播，把当时的西方文化人迷得七荤八素。到了 19 世纪，对古希腊和古罗马历史文化的研究从欧洲贵族们的业余爱好发展成了可以长期在高等学府领饭票的古典学科。当时很多古典学家想破了脑袋，终于得出一个结论：《荷马史诗》尽管文辞优美，情节引人入胜，但内容全数虚构——历史上既没有特洛伊，也没有因它而起的战争。

所幸当时有个德国人就是不信邪，这个人叫海因里希·谢里曼（Heinrich Schlieman）。他自幼就是荷马的铁粉，觉得老荷是无论如何也不会骗人的，而真正误导大众的正是那些引经据典、毫无想象力的学究。然而，怎么才能证明自己是对的？毕竟死无对证，古人活不过来了，那就只能靠一个办法：挖！谢里曼历经波折，终于在安纳托利亚平原的西北方，土耳其政府的眼皮子底下，探测到一座古城遗址。开掘后，挖墓人谢里曼对外宣称这就是特洛伊城，而里面发现的宝藏属于当年的老国王普里摩。这个消息传回欧洲，立刻引起了轰动，谢里曼也因此一夜成名。此后，他再接再厉，又在迈锡尼的古墓中发现了价值连城的宝物，其中有一副做工精致的纯金面具。谢里曼声称第一次看着它时，就仿佛与当年远征特洛伊的希腊统帅孟农四目凝视，因此称它为“孟农的面具”。史学家将这些文物和遗址归类于迈锡尼文明，时间大约为公元前1600—前1100年。

商人出身的谢里曼十分懂得如何营销自己的成果，可他的认知显然存在纰漏和不足。比如，他挖掘出来的所谓特洛伊城门（约公元前2400年）比荷马记载中的战争年代（约公元前1200年）早了约1000年。再如，当时特洛伊的遗址密密麻麻有许多层，为了挖到底层，也就是最古老的遗迹，谢里曼直接用火药将覆盖在上面的残存全部炸掉。其他考古学家捶胸痛哭，恨不得把他从棺材里拉出来狠狠地踢上两脚。

4 更早的克里特

尽管如此，倘若没有谢里曼，我们对史前的希腊爱琴文明的认知不会有太多进步。与他齐名的还有英国考古学家阿瑟 · 埃文斯爵士（Sir Arthur Evans, 1851—1941 年）。埃文斯在地中海北部的克里特岛上发现了一个大型宫殿遗址，被命名为克诺索斯。这座“欧洲最老的城市”瞬间将人们对早期古希腊的认知向前推到了公元前 3100—前 1600 年，比谢里曼发现的迈锡尼文明早 1000 多年。神话中的克里特岛国王米诺斯（Minos）就住在克诺索斯。传说中，他私藏了波塞冬的一头神牯。出于报复，波塞冬让他的妻子爱上了这个牲畜。被迷了心窍的王后脑洞大开，请能工巧匠打造了一头木牛，然后自己爬进里面，与神牯交欢，最终生下一个半人半牛的怪兽。这个恐怖的畜生被囚禁在国王建造的迷宫里，每年吞噬给它进贡的童男童女，直到被雅典勇士忒修斯（Theseus）杀死。

当然，在后世的希腊人看来，年代久远的克里特岛难免光怪陆离、荒诞不经。但从克诺索斯整理出的残留壁画来看——其中的文字还未被破解——米诺斯时期的社会先进又风雅。有人觉得现代的女人太过注重打扮，他们一定是没见过从头到尾精致无比、时髦无敌的克里特妇女。画中的她们，波浪鬈发，珠围翠绕，肤白胜雪，腰肢纤细，风情万种。关键是，她们的衣服上身敞开，酥胸毫无遮拦。之前说过，希腊男子喜欢在一些公共场合赤身裸体，这个传统经久不衰。但希腊社会对女子却没有如此开明。公元前8世纪以后，除了在个别地区，如斯巴达，女性一般不能抛头露面，更不要说敞胸露怀。这种保守的趋势与克里特岛上呈现的风气反差极大，以至于有人认为早期的希腊社会为母系社会。

除此之外，克诺索斯的庞大宫殿里存留了大量囤积粮食等原材料的器皿，以及刻着文字、看上去很像库存清单的陶板，让一些学者推测当时的日常经济由王宫操控，而无私人交易。但因缺少这方面的记载，这个远古的经济体系究竟是如何运行的，只能猜测。但可以确定的是，克诺索斯的城市遗址里街道纵横，建筑精美，楼房甚至有下水系统——这可是5000多年前！此外，壁画上有许多杂技歌舞、游戏玩耍的场景。如此看来，至少一部分克里特人生活得极为惬意。

米诺斯的物质文明被迈锡尼文明所继承。不同的是，后者推出了几样有自己特色的东西：最早的古希腊文字（已被破解）、大量武器、防御性设施和蜂窝式墓穴。有人觉得欧洲就是在那一刻从原先和平的母系社会演变成崇尚武力的父权社会的。这个压迫妇女、穷兵黩武的罪名，迈锡尼人该不该担，学界目前尚无定论。感兴趣的读者可以自行研究。

对谢里曼这个考古学鼻祖、远古文明的拓荒者，多数人还是认为他功大于过。作为一个出身寒门、未受过正规学院训练的古希腊迷，他凭着自己的坚定信念和满腔热忱纠正了当时欧洲最优秀的古典学家。正是因为有他这样的人，我们有关爱琴海青铜时期的知识才能暴增，远超后世古希腊人的所知。从谢里曼的身上，我们可以看到，千万不能迷信所谓的权威，也不要乖乖地让别人告诉你历史是怎么回事，只有不停质疑和探索，才能收获意料之外的真相。下一章，就让我们走进精彩万分的《荷马史诗》。

CHAPTER 2

四海战歌

第 2 章

天地怒火

1 还好有诗歌在

说起让古希腊人心驰神往、热血沸腾的特洛伊战争，就不得不提《伊利亚特》和《奥德赛》这两部与此息息相关的超级史诗。在历史上，它们归功于一位名叫荷马的人，但事实上，作为口语文学，它们的流传得益于大批流浪歌者的即兴吟诵。

《荷马史诗》的信史成分占多少，一直是个饱受争议的话题。有些学者极度不信任荷马，拼命想要绕过这部早期唯一的文献。但也有学者比较务实，认为它可以用来勾画社会制度的框架。在第二派里，有人提出《荷马史诗》主要反映的是黑暗时代，也就是公元前 11 世纪到前 9 世纪的古希腊。黑暗时代的前期被认为异常“黑暗”，因为它没遗留任何宏伟的建筑和精美的文物。这里涉及史界一段未了的公案——上一章讲到的米诺斯文明和迈锡尼文明在公元前 1200 年左右突然崩塌，考古记录显示豪华宫殿和城市中心被大规模毁坏和遗弃。

除此之外，原先精致的青铜物件全被简单的白铁器皿代替。连日常陶器也变得粗枝大叶，仅用几根粗犷的几何线条作为装饰图案。更惊人的是，连文字也消失了，整部《荷马史诗》全靠口头传诵，直到公元前 8 世纪才被记录下来。

这场大规模的萎缩不仅仅限于希腊，还涉及整个地中海地区。同步遭受不测的还有巴比伦、赫梯和埃及等地。这其中的缘由至今没有定案。因时间太过久远，除了大火焚烧的痕迹外，几乎没其他线索。于是学界众说纷纭，比如火山地震、农业灾害、外族入侵或内部叛乱……大家也可以随意脑补一下，毕竟一切皆有可能。

随之而来的黑暗时代缺乏历史记载，犹如一幅水墨画，留下许多空白，给后人以想象的空间。事实上，《荷马史诗》是否能与真人真事对上号，恐怕永无答案，但至少里面的故事足以让我们一窥 3000 多年前希腊人的喜怒哀乐和爱恨情仇：原来在那个物质上一穷二白的年代，人们拥有无比丰富的精神世界。荷马笔下的英雄之所以被后世如神灵般顶礼膜拜，是因为他们所做的一切都围绕着一个主题：如何在时间的长河里永垂不朽。

2 / 离斯的愤怒

不少评论家都喜欢替 15 000 多行的《伊利亚特》拟定主题，比如说愤怒。这个选择肯定让爱引经据典的学者挑不出毛病，因为怒气 / 怒火是全诗开篇的第一个词，古希腊语的原文用的是不太常见的

μῆνις（Menis）。如果用中文生硬地直译，全诗第一句就是：

> 怒火……请以此为歌，天神！
>
> 那来自珀琉斯之子阿喀琉斯
>
> 灾难性的怒火，
>
> 是如何为希腊人带来无尽苦难，为九重地送去无数英勇之躯，
>
> 让他们成为野狗和猎鹰的腹中之物。

一百年之前，欧洲有文化的人几乎都可以背诵《伊利亚特》的这段开头，就像中国过去的读书人将《诗经》和《楚辞》里的名句熟记于心一样。

总之，荷马一上来便点明，我们的阿喀琉斯（Achilles，以下简称“离斯”）同学是个容易发火的人。历史上脾气大的人不少，但因此引出一部流传千古的文学巨作，估计也只有这位世人公认的古希腊第一勇士。

3 ／ 少年的成长

也有人说，《伊利亚特》的主题是成长：经历这场战争后，离斯发生了翻天覆地的变化。（注意，前方有剧透。）要知道起初他还是个快意恩仇的青葱少年、希腊军队里人人敬仰的战神，但在一次与主帅

孟农的争执后，倔强的他不但咒骂孟农，还想立即在孟农的胸口狠狠捅上一刀。最后还是雅典娜亲自现身相劝：所谓“君子报仇，十年不晚”。女神悄悄承诺在不久的将来，会让孟农付出惨痛的代价。离斯虽然脾气大，却是个听从神灵旨意的乖孩子。于是他愤愤地离开了希腊的战营，去海边抚琴做文艺青年了（确切地说是他用的乐器长得像竖琴，但可以握在手里，英文叫 lyre，来自古希腊文的 λύρα）。后来希腊人节节败退，导致他最爱的挚友死在敌人手中。离斯肝肠寸断，但却奇迹般地原谅了仇人的父亲。经受了这一致命的打击，古希腊的第一英雄硬是学会了悲悯和宽容，但是这番成长却惊心动魄，代价惨痛。最终离斯在攻打特洛伊城的战争中战死异乡，没有回到爱琴海另一边的故乡。

4 ╱ 克律塞斯的赎金

要想了解离斯的蜕变，就要知道为什么他和孟农闹得水火不容。这两个人的矛盾不但改写了大战的走向，惊动了神界，还害得许多将士无辜丧命。

在《伊利亚特》开头，特洛伊战争已经进行到了第九年（有关这场战争前因后果的传说，上一章已经做了简单的介绍）。这个时候，希腊人刚刚攻破特洛伊周边几座盟军之城，并俘虏了两个美丽的女孩，分别叫作克律塞伊斯（Chryseis，以下简称“克律塞”）和布里塞伊斯（Briseis，以下简称“布里塞”）。当时的武力冲突不受任何国际人道主义的约束，胜利者习惯性地将战败方的女眷视为战利品。克律塞和布里塞的家园沦陷后，各自被分配给了希腊的最高统帅孟农和最英勇的武士离斯。

然而克律塞的父亲克律塞斯（Chryses）是太阳神阿波罗的扈从，身份有点像今天的神职人员。得知女儿被抓后，这位年迈的老者带着大包小包的礼物来到希腊人的营中，卑躬屈膝地恳求孟农让他赎回自己的女儿。按当时的战争习俗，战俘家属可试图赎回家人。克律塞斯言辞诚恳，苦苦哀求希腊人放了克律塞。但孟农不为所动，还恶言恶语地警告手持权杖、佩戴头冠的克律塞斯："最好别再让我看到你在希腊人的军舰附近徘徊，到时你手中的权杖和头上的高冠都救不了你。我不会放你的女儿，她会随我回到遥远的故乡希腊，一辈子在我的榻边伺候我，在织布机旁忙碌，就此度过余生。"

从这些话里可以看出，作为最高统帅的孟农言行十分欠妥。既然打了胜仗，就该适可而止，放了克律塞，这样既能得到丰厚的赎金，又能赢得仁义之名；其次，明明知道克律塞斯是阿波罗的扈从，还公然反驳其哀求，岂非执意要跟太阳神过不去？最后，即使不放克律塞回家，也无须恶语相向，难道非要拉仇恨才满意？要知道，在希腊神话中有一个重要原则：永远不能与神祇为敌。

5 ╱ 阿波罗的箭

果不其然，关系户克律塞斯回去之后，立即向阿波罗投诉。太阳神听到后震怒，挽起他的银弓，铺天盖地地朝希腊人的营帐射出无数瘟疫之箭，让不计其数的士兵暴毙而亡。到了第十天，离斯看不下去了，便召集所有人来商讨对策。众人到齐后，他询问营中德高望重的通灵者凯克斯（Cachas）知否其中玄机。可后者惧怕孟农，在开口揭露真相之前恳求离斯保障他的生命安全。从这个细节中可以看出孟农平时多心胸狭窄、睚眦必报。凯克斯得到免死金牌后，才将瘟疫的前因后果公之于众。这样一来，大家恍然大悟：原来是孟农对阿波罗扈从的无礼才引起了这场灭顶之灾。有人说中国人好面子，其实古希腊人也毫不逊色。在众目睽睽之下被人扣上了对神祇不敬并引发灾难的罪名，换谁都不好受，更何况是最高统帅。孟农听到凯克斯的一番解读后恼羞成怒，忍不住破口大骂："你这个老家伙！嘴里就没有吐出过吉言，只会成天危言耸听，动摇军心，真让我恶心！"但事已至此，孟农也明白凯克斯所言不虚，"不错，我确实喜欢这个女奴。她在美貌、聪慧、持家等各方面都胜过我的妻子"。大家留意一下，从这几句话可看出孟农的婚姻状况。在另外一个非常有名的古希腊悲剧中，孟农的老婆和表兄趁他在外征战时暗通款曲。头顶草原的孟农一回家就被老婆亲手谋害了。在世界历史上，这位王后可算是将自己的老公绿出了新高度，比潘金莲女士早了 2000 多年。

6 狗脸鹿心

此时在希腊的军营里，孟农总算拿出了一点作为三军统帅的担当，他勉强提议：“尽管此女甚得我心，但还是将她归还吧，本帅不想因为自己而让大家受到牵连。”但是他话锋一转，又补充道：“可我作为最高领导不能一无补偿，把她送走之后，要从别处补一个女奴给我，绝不能让我一人遭受损失。”这一席话让离斯十分不悦：“将军，我们这些奋力杀敌的希腊之子去哪里再给你找一份奖励？我们赢来的财物都已经分配殆尽。不如你先把这个女孩子送回去，待我们攻下特洛伊后，定会三倍四倍补偿于你。”孟农一听有人唱反调，马上黑了脸，威胁道：“要么你们自动献上一个女奴，要么我自己去挑一个。”

通过这番对话，孟农的自私和跋扈显露无遗。离斯怒斥道：“你这个狼心狗肺的东西！”古希腊语里用的是“狗脸鹿心”，意思是脸长得像狗一样卑鄙，内心像鹿一样胆小。“每一场大战我都身先士卒，冲锋陷阵，但论功行赏时，我拿得都比你少。现在你还要得寸进尺，霸占更多，让我如何能再忍气吞声！想想我为什么要背井离乡，替你这样一个贪得无厌的人送死？特洛伊人没有冒犯过我，也从未偷过我的牛羊和粮食，我们两族之间隔着无穷的山川和广阔的海洋。如果不是因为你们兄弟俩，谁会冒生命危险犯傻漂洋过海，追随你和你弟弟前来攻打特洛伊城？”前面提到过，特洛伊战争的起因是特洛伊王子帕里斯与孟农的弟媳妇海伦私奔。

话说到了这个地步，两人在大庭广众之下公然撕破了脸，没有了退路。孟农阴沉无比地撂下重话：“那你走吧，希腊人不需要你！我决意要把你的女奴布里塞拿来己用，让所有人看看忤逆我的后果。”孟农此举志在全力维护自己在众人面前的威信，可他凭的是职位之尊和元帅之名，难以让人信服。同时我们也看到，作为三军统帅的孟农对属下的挑衅除了恶语相加、强行反驳外，并无更好的办法。事实上，荷马世界里的上下级之间更像一群平起平坐的地方诸侯，他们来去自由，不受王命，难以被轻易威逼胁迫。这个权力割据而又相互均衡、独立自治的传统被一路保留，在往后近千年的欧洲历史里都可以看到。

英雄之路

1 西蒂斯的请求

当孟农无耻地提出要硬抢布里塞时，离斯怒不可遏。他攥着手里的剑柄，想从鞘中拔出立刻插入孟农的胸口，但雅典娜突然从天而降，并只对他一个人现身。智慧女神悄悄在他的耳边低语道："亲爱的离斯，先不要冲动，暂且放过他。相信我，不用多久，他会为现在的蛮横付出成倍的代价。"雅典娜的忠告让离斯不得不暂压怒火，跑去海边做他的愤青去了。

后来，孟农霸道地派人将布里塞带走。离斯便跑去找他老妈哭诉。每个妈宝男的背后必定有一个强大的母亲，离斯半人半神，因其母是著名的神女西蒂斯。西蒂斯被迫下嫁珀琉斯后，对老公兴趣索然，但对儿子却钟爱无比。她看到爱子如此憋屈，怎能无动于衷，于是便去找天君宙斯论理。神通广大、消息灵通的西蒂斯提前拿到了宙斯的行程单，知道他过几天从埃塞俄比亚回来——当时的埃塞俄比亚泛指非洲尼罗河的北端，那里阳光明媚，土地富饶，天神都爱去那里度假。她浮出海面，飞上奥林匹斯山，一下子就逮到了旅游归来、心情大好的宙斯。西蒂斯一只手抓着天君的膝盖，另一只手拉着他下巴上的胡子，有点像小朋友赖到圣诞老人身上，然后开始撒娇："慈爱的天父，帮帮我那苦命的儿子吧，他被那可恶的孟农欺负了，已经退出了希腊阵营。他不在时，您一定要让希腊人大败，这样才会让他们后悔莫及，不得不向吾儿赔罪道歉。"宙斯听了后半天不说话。这是为什么？因为天君也有苦衷：自己的老婆是站希腊人的，天天提防他在背后搞小动作。但古希腊人也非常讲人情世故，欠了别人的早晚要还，西蒂斯曾经救过宙斯，所以宙斯沉默半天，最终还是答应了她的请求。到了晚上，天后凭自己敏锐的嗅觉发现宙斯与神女私会过，狠狠地发了一通脾气。要知道西蒂斯颇有姿色，当初宙斯就是怕自己忍不住，才将她嫁给凡人，这样一来西蒂斯所生的孩子才不会威胁到自己的地位。宙斯一看事情已经暴露，只好连哄带骗地将老婆安抚住——先前说过，希腊虽是父系社会，但是女人的地位不容小觑，一旦惹怒天后，宙斯也没好果子吃。为了让赫拉消气，宙斯承诺最终会让特洛伊沦陷，但眼前必须先还西蒂斯一个人情。在赫拉的默许下，宙斯助特洛伊人把缺了离斯的希腊军队打得节节败退，逼到海边，差点连战舰也全数被烧光。这急转直下的战况迫使孟农不得不派使团去请离斯再次出山，但无论大家如何恳求，离斯的怒火毫无缓和的迹象。

2 不可磨灭之殇

除了愤怒、成长，这篇长诗的另一个主题就是殇，意思包含失去、消失和死亡。从踏上征途的第一天起，离斯就走上了不归路。他的母亲清楚地告诉他，如果选择加入这场战争，他必定会英年早逝。前面讲过，古希腊曾有一个非常轰动的婚礼，新娘和新郎分别是神女西蒂斯和英雄珀琉斯。大喜之日，不和女神厄里斯发现唯独自己没被邀请，便故意向宾客扔去一个写有“专属六界最美”几个字的金苹果，间接引发了特洛伊战争。虽然好好的婚礼被搅得鸡飞狗跳，但这段姻缘却促成了天下第一勇士离斯的诞生。作为神女，西蒂斯拥有不死之身，儿子却因为有一半凡人血统而无法永生。离斯出生没多久，就被带到了九重地——黑帝斯掌管的冥间。那里有一条黑暗阴冷的斯提克斯河，死去的人渡河之后便会忘记前世，但常人如果浸在河水里便会刀枪不入、百毒不侵。西蒂斯抓住离斯的双脚，把他全身浸在河水里。可能因为急于离开阴气很重的九重地，西蒂斯忘了把儿子被抓住的脚踵也触碰河水，离斯最后正是因跟腱中箭而亡。所以英语里有一句话叫作“离斯之踵”，意思是超凡之人也有致命的弱点。更有意思的是，离斯的外号是快足如风。《荷马史诗》里的英雄都有绰号，如足智多谋的奥德修斯、盔缨闪亮的赫克托耳、快足如风的离斯。他的脚是他平时最大的优点，最后却害死了他。这种似是而非的桥段很符合古希腊人的审美。在这方面，古希腊人和现代人，比如美国人很不一样。美国人向来乐观自信，认为没有改变不了的厄运、解决不了的难题。

总之，当希腊盟军开始组建队伍，广招英雄时，凯克斯——前面在希腊大营里吐露真相的占卜师——预言只有离斯加入，特洛伊城才能被攻破。神女西蒂斯也获知一个预言：如果离斯去打仗，就会年纪轻轻命丧沙场。这可真是个预言满天飞的年代啊，谁不信谁倒霉，当然，信了也好不到哪去。

3 离斯的决定

西蒂斯可舍不得自己的儿子英年早逝，于是将他藏在一个偏僻的小岛上，把他打扮成一个女孩子，混迹在岛上国王的女眷里（史上最早女装大佬）。但是盟军中有个首领，叫奥德修斯（Odysseus，以下简称“奥德”），他在希腊王子中最诡计多端，也是第二部《荷马史诗》的男主角（下一章着重讲他）。奥德查出离斯的行踪后，乔装成一个小贩来到岛上，兜售胭脂水粉。当地的少女们立刻把他围了起来——她们激动的样子像极了十多年前第一次看到进口彩妆的我们。突然，奥德毫无征兆地从货品中拿出了一把军用小号，大声吹了起来，所有女孩听了都吓得落荒而逃，唯有一个人马上拿起了旁边的盾牌和兵器准备对抗敌人。当然，这个剩下的人就是离斯，在潜意识下，他把自己暴露了。

纸包不住火。尽管离斯的母亲想方设法要他躲过这一劫，但终究无法违抗命运。但是，天意和神旨并非全部原因。作者荷马在《伊利亚特》里明确地告诉我们，离斯之所以最终选择从军，是因为他渴望赢得来自战场的至高荣耀。古希腊人坚信英雄的美名会被后世永远传颂，非过眼即逝的富贵和权力可比。离斯的抉择在 3000 多年后的今天依然让人感叹。我们总会在一些时候面临同样的取舍：是义无反顾地追求崇高并为之付出所有，还是庸庸碌碌地活着，或者更糟，违背原则和良心苟且一世？人生在世，很容易像地上爬行的动物一样，浑浑噩噩，虚度光阴，而古希腊的史诗永远将思考的维度放在最高点：如何能像神祇一般辉煌不朽。

于是离斯在出场时就已经自动放弃了对于任何人来说都无比珍贵的东西——原本可以富足悠长的生命。

从军之后，离斯在大小战役里身先士卒，绝对无愧古希腊第一勇士的称号。可当布里塞被孟农抢走后，他开始跟希腊军队离心，并怀疑这种舍生忘死的真正意义。之前说过离斯不远千里，放弃长生，为的是追求永不褪色的功勋。但当集体决策出自一个无德之人时，荣誉的归宿是否还能众望所归，体现它应有的价值？更要命的是，离斯的愤怒让他瞬间触摸到了英雄文化背后的虚无。他自问："为什么我要来攻打特洛伊？特洛伊人从未伤害过我。"这个想法其实很危险，说白了就是：难道非要听命于一个残暴不仁的领袖，屠杀素未谋面的异族人，才能成为英雄？ 通过这突如其来的思考，支撑离斯的武士道精神被打上了一个大大的问号，就好像有人突然发现从小在学校被灌输的观念大有问题。

因此在脱离希腊的军队后，离斯格外形单影只。这份落寞既是外在的，也是内心的。

4 杰出的赫克托

这首诗的殇绝不仅仅涉及希腊一方。特洛伊的第一勇士赫克托耳（Hector，以下简称“赫克托”）也是这场浩劫的牺牲品。荷马的伟大之处在于他对特洛伊将士同样充满敬佩，而不是将敌方当作异类来丑化。不少人就觉得《伊利亚特》的头号英雄是赫克托，而离斯只能排第二。这就如同我们看《红楼梦》，都绕不过“钗黛之争”（喜欢宝钗的同学放学别走）。赫克托武艺高强，精忠爱国，上受诸神喜爱，下被民众敬仰，古往今来圈粉无数。与赫克托形成强烈对比的是他那个贪生怕死、拈花惹草的弟弟帕里斯，在兵临城下之际，还不忘和海伦缠绵。赫克托指责他时，帕里斯将自己的懦弱和风流全都归罪在爱神阿芙洛身上，如此厚颜无耻也是没谁了。

《伊利亚特》的第 6 章里有一段赫克托与妻子道别的描写，最能看出他的侠骨柔情。（大家注意一下，《荷马史诗》里处处是洋洋洒洒的场景对话，简直可以直接用来当剧本。）

这一天，赫克托好不容易从战场抽身，挤出时间来看望爱妻安德洛玛刻（Andromache，以下简称“安德洛”）和儿子。安德洛一看到许久不见的丈夫就开始落泪：

> 夫君，总有一天你会为你的英勇送上性命。可你为什么不想想我们的孩子？如果要失去你，还不如随你一同去死，这

强过我一人孤苦伶仃，无依无靠。希腊人已经杀死了我的父亲，我的母亲也随他而去，我的七个哥哥长眠于九重地。赫克托，你是我现在唯一的亲人，是我最爱的丈夫，同时也是我的父亲、母亲和兄弟。若没了你，我便一无所有……可怜可怜我，守在这城墙背后，不要出去迎战，千万不要让我独自一人了结残生。

赫克托望着安德洛，心如刀绞：

夫人，你是我此生最珍爱的人，你说的这些我都想过。但如若我退缩不前，有什么脸面去面对全族的男女老少？又该如何独自苟活？这一生我只能选择战死沙场，不让家门蒙羞。我知道特洛伊灭亡的那一天迟早会来临，每每想到敌人大举屠城的那日，我的父王、母后、手足和其他臣民会死于非命，我就痛不欲生，但最让我伤心的还是敌人将啜泣的你强行拖走的画面，让你——这世上我最想保护的人——一辈子沦为奴隶。

在另外一个记载里，安德洛确实被俘，而他们心爱的儿子——特洛伊的明日之星——被敌军从城门上扔下。

5 吓人的头盔

接下来的一幕更可怕。赫克托伸出双手想要拥抱儿子，但稚子被赫克托一身坚硬的铠甲和缨枪高耸的头盔吓到，在抱他的仕女怀里哭了起来——赫克托的绰号就是盔缨闪亮。赫克托和安德洛见状却笑出声来。赫克托温柔地将头盔取下，然后才抱起稚子，轻轻地亲吻他的脸颊。他对天祈祷，希望儿子长大能青出于蓝而胜于蓝，做一名出色的武士：不但带回堆积如山的战利品，还让他的母亲因他的赫赫战功而不胜欣慰。但我们可以看到，战争文化虽然披着荣耀的外壳，却以杀伤为本质。赫克托从头到尾不曾对此有过反思。他所注重的只是如何遵循竞技规则战胜敌人，却从未想过对方也许和他一样，是个顶天立地的汉子，一样有娇妻爱子需要保护。赫克托不但自己走上了这条不归路，也寄望下一代能复制他的轨迹，靠杀戮来实现自身价值，获得外界认可。事实上，稚子对盔甲的惧怕是自然的、富有人性的。而他父母的麻木才是扭曲的、不健康的。有人说赫克托是《伊利亚特》排名第一的英雄，可我总觉得他忠勇有余，反思不足，所谓“哀其不幸，怒其不审”。

在这场战争中，不仅巨星陨落，更有无数默默无闻的士兵沦为陪葬品。比如当阿波罗散播鼠疫来报复希腊军队时，无数人丧命。荷马说他们“灵魂飘向九重地，肉身被野狗和老鹰大快朵颐”。这些无辜的生命虽被作者寥寥几笔带过，但其壮烈程度不亚于有名有姓的英雄。

到最后，离斯也如预言，死在了特洛伊。因此，若说这部作品的主题为“殇”，一点也不为过。尤其对离斯而言，诗篇的推进就是他一点点失去生命中的全部：他的阳寿、信仰、同胞、最亲的兄弟。当战争最终赋予他不朽之名时，已很难确定这份姗姗来迟的荣耀是否可以弥补他的创伤和失落。

要么寂寞

1 ╱ 使团的到来

离斯的非凡遭遇促成了他的成长，也带来了无限的“殇”。与此同时，这部史诗的字里行间还处处沸腾着热血。

离斯的真性情迫使他绝不说违心的话。如果能穿越的话，估计他会非常适合与司马迁、令狐冲之类的人做朋友。在第9章里，希腊人在离斯走后被特洛伊人打得溃不成军，只得派来庞大的使团劝离斯回归。当时离斯正在风景秀丽的爱琴海边抚琴。荷马说他边弹边唱，讴歌古往今来的豪杰，他的挚友帕特洛克罗斯（Patroclus，以下简称“帕特洛”）陪伴在他身边，两人岁月静好。他们见昔日的战友到访有些惊讶，离斯将来者迎进大帐，让他们宽心：“尽管我与孟农水火不容，但你们永远是我的朋友。”说罢，他摆好酒席，盛情款待客人。

酒足饭饱后，奥德开始当起说客，先点明时局危在旦夕：特洛伊人可能很快就要将希腊人逼回海边，然后一网打尽。然后他代表孟农向离斯提供巨额补偿，带给离斯：

7 觞精致无瑕的大鼎

10 斤黄金

20 盏闪闪发光的大釜

12 匹夺冠的骏马

7 名心灵手巧的美女

并保证孟农还会将布里塞完璧归赵，还发誓并未碰过她一根头发。

除此之外，离斯可随意选孟农的三个女儿之一为妻，并获得七座城池作为嫁妆。

奥德把致歉的话说得冠冕堂皇，在今天简直是做销售的天才。可是离斯丝毫不为所动。

“此生我最憎恶两样东西，一个是通向死亡之门，另一个就是口是心非之人。所以我不会对你们隐藏我的真实想法。”确实，离斯对至亲至信的人从来毫无保留。他继续说道：“孟农说服不了我，其余人也劝不动我。我们的军队向来赏罚不明。当年我一人攻下十二座城池，得到的奖赏却同别人一样，毫无公平可言。变本加厉的是，孟农为了平息阿波罗的怒火，竟唯独来抢我的布里塞。虽说她是从战场上夺来的，但我一直真心待她。世上所有有情有义的男人都爱自己的女人，我也不例外。难道我们不是为了海伦被劫才千辛万苦地来到特洛伊？难道只有孟农兄弟两人的女人才是不能被侵犯的女人？这么多事情桩桩件件积压在一起，是可忍，孰不可忍！我已经向宙斯祈祷过了，明天就收拾东西回老家。孟农休想再把我当傻子耍。”

他对布里塞的态度可与孟农对克律塞的态度做比较。当孟农需要把克律塞交回去的时候，提到的是克律塞的美貌和灵巧，而离斯讲的则是自己对布里塞的感情。

当然也有学者认为，离斯的这番话不过是用来怼孟农的一套说辞。可后来布里塞在悼念帕特洛时回忆，生性温柔的帕特洛不忍看她伤心，便时常安慰她，并告诉她将来离斯会带她回希腊，在族人面前明媒正娶。我们知道，离斯与帕特洛的关系不分彼此。所以，如若离斯对布里塞毫无真心，帕特洛又怎会给出这番承诺？

如果了解离斯的为人，就会明白为什么奥德对他的游说毫无效果。一开始，当孟农和离斯撕破脸时，就有个叫涅斯托耳（Nestor）的长老跑出来做和事佬。他的办法就是让两个人各退一步，糊弄完事。但不讲清楚矛盾的对错，只求息事宁人，很难消除当事人心中的不满。奥德用的无非也是万事和为贵的说辞，毫无新意。要知道孟农自己不来，而只是派别人来安抚调和，就是在逃避他在整个事件中的责任。一位睿智犀利的学者指出，在当时看重礼尚往来的希腊社会，孟农对离斯的千金一掷更带有一种施舍的姿态。

奥德讲完后，又有一个叫菲尼克斯（Phoenix）的老者开口了。这个菲尼克斯抚养离斯长大，形同义父。他一开始就动之以情：“我可是一手把你拉扯大，小时候你吃饭还吐到我袖子上……”为了让离斯回心转意，菲尼克斯还语重心长地讲了一个故事：曾经有一名武士因为怨恨自己的族人而拒绝出战，直到敌军兵临城下才幡然悔悟，结果虽成功退敌，却错失原先可得到的奖励，让本可风光无限的美事黯然收场。这前前后后构成了三种主张妥协的思路，先是涅斯托耳的避免冲突，再是奥德的许以重利，最后是菲尼克斯的见好就收，说到底都是权衡利益，围绕的都是一个宗旨——“识时务者为俊杰”。但这些都不能打动离斯：他的愤怒在大多数人眼中无穷无尽，毫无节制。事实上，这几位的威逼利诱完全绕开了问题的本质。尽管孟农表面将姿态摆低，但对自己的霸道行径只字未提，也没有反省盟军的领导模式，甚至还声称自己一时被神灵迷惑了心智，将责任推卸得干干净净。

2 ╱ 帕特洛的阵亡

与孟农不同，离斯虽狂傲不羁，却十分尊重和爱惜身边之人。比如对菲尼克斯，此义父虽然唠唠叨叨，也不是离斯的知音，可离斯依然承诺，如果菲尼克斯肯与他一起全身而退，自己会与他共享所有财富和荣誉。后来好兄弟帕特洛不忍看到同胞被残杀，大骂离斯冷血，并要求借用离斯的盔甲出战。离斯不但容忍他“叛变”，还诚心祈祷他胜利归来。

最后，帕特洛不幸在赫克托手下战死，离斯追悔莫及。要知道他和帕特洛从小情同手足，两人亲密的关系从一个细节就能看出：帕特洛战死之前穿的是离斯的盔甲，以至于别人都以为离斯本人又回到了战场。在古代，盔甲就像现在的身份证一样，不能随意外借。武士一旦战死，其盔甲会被争抢，己方要抢回去好好祭祀，对方要夺回去大肆炫耀。离斯和帕特洛不分彼此，后者的殉难有如把前者的心一起剜走，这种撕心裂肺的创伤难以言传。但荷马毕竟是荷马。与现代作家不同，他没有选择直接描写人物的内心，而是用简单的肢体语言来传递悲痛之情：

> 大雾一般的黑色悲伤将离斯包围。
>
> 他用手捧起脚下的焦土，撒在头上，弄脏自己俊丽的脸庞。
>
> 躺在地上的他将庞大的身躯在泥土里缓缓伸展。
>
> 他用手不断地扯着自己的头发，黑色的灰尘污浊了他精美的衣袍。
>
> 在一旁的安提诺乌斯也在哭泣，他紧紧抓着离斯的手不松开，听任他从心里最深的地方号啕大哭，唯恐他会猛然自戕。
>
> 天空中响彻着哀号的声音。

这段形容是如此含蓄内敛又恰到好处，穿越将近 3000 年的时光隧道，翻译成现代汉语后，还是能让人感受到古希腊时空中传递出的痛彻心扉。过去有学者猜测离斯和帕特洛有断袖之癖，这其实是现代人不能想象与身体无关的纯粹精神上的相知相伴、生死相随。男人之间无关肉欲的感情可以何等动人，看看《琅琊榜》就知道了。诗中清楚地告诉我们，他们两人虽然同住一个帐篷，但与离斯同床共枕的是布里塞。

3 ╱ 赫克托的尸体

离斯对帕特洛的情深义重还体现在他对凶手的侮辱。帕特洛死后，离斯像疯了一样追杀害死帕特洛的赫克托。赫克托不敌希腊第一勇士的凶猛进攻，在特洛伊阵前身亡，离斯将他的尸体拖在自己的战车后面来回蹂躏。所谓杀人不过头点地，对手一死，恩怨情仇就该一笔勾销。当时战争虽然残酷，但也有不成文的规定：归还对方将士的尸首，让家属凭吊安葬。更何况赫克托是特洛伊第一勇士，深受天神们的喜爱。但离斯这次偏不遵守，虽然他明明知道这是对神灵的大不敬。可令人意外的是，这个被怒火侵蚀五脏六腑的人，最后竟宽恕了赫克托的父亲普里摩。荷马的这段描写十分精彩，让我们一起拜读一下。在第24章里，普里摩在天神赫耳墨的带领下神奇地出现在离斯的营帐中。面对这个亲手杀死爱子的希腊将军，普里摩凄苦地恳求道：

战神离斯，
我在做一件别人未做过之事：
向一个杀害我亲生骨肉的凶手行礼问安。
想想你的父王，他与我都已是花甲之年，时日无多。
但当他得知你还活着时，至少还有一丝欣慰。
可我的儿子都在这场战争中阵亡。
后来只剩下赫克托，他费心竭力保护着我们的城邦和人民，可连他，也被你在几天前杀害。

现在，为了他的尸首，我携带无以计数的珍宝前来乞求。

想想你自己的父亲，可怜可怜我这垂暮之人。

接下来的对话停止了。两人开始哭泣：普里摩想起已经死去的赫克托，离斯想着自己年迈的父亲和情同手足的帕特洛。他们一老一少，一个希腊人，一个特洛伊人，各有各的伤心，悲泣的哭声响彻整个屋子。

半晌，离斯收起眼泪：

您居然敢来我这里。

您的心一定像钢铁般坚强。

是我无情地杀死了你所有的儿子。

神灵总是给凡人带来厄运。

我的父亲尽管权倾一方，

但我——他唯一的孩子——却远征在外，不能承欢膝下，

原来……我背井离乡只是为了

给大海这头的你带来不幸。

神灵总是不断赐予凡人厄运。

他们在天上却可以高枕无忧……

人活一世苦难重重，

虽无限坎坷，我们终须尽力活下去。

说到这里，离斯与普里摩四目相对，悲伤瞬间逆流成河，将膨胀已久的仇恨洗去，只剩下哀悯和谅解——离斯最终同意让普里摩将赫克托的尸体带回特洛伊。可贵的是，在接二连三的打击下，离斯并没有违背过本心，他滚烫的血液里始终流淌着最真挚的情感。正因如此，这个刚毅少年与仇人之父的和解才格外令人动容。

4 ／ 永远的战神

离斯与普里摩的一席对话让《伊利亚特》的勇士文化瞬间彻底土崩瓦解。军人在战场上勇往直前的前提，就是把对手幻想成一个邪恶又陌生的异类。但当离斯看到普里摩的满头白发，才意识到，这个仇人不过是一位心心念念地盼着儿子能回家的父亲，与自己的高堂无异，差别是普里摩却再也见不到英姿飒爽的赫克托。离斯最终能与曾恨之入骨的人感同身受，这与他自身的愤怒、热血和深情是分不开的。只有前面痛彻心扉的仇恨，才有后面难能可贵的宽恕。总有一些学者和读者觉得离斯脾气太差，不懂进退，才导致那么多人丧命。但我始终认为，他人性中的缺陷和偏执是蚌体内的沙砾，通过痛苦的探索和反思，才换来珍珠般的升华。

离斯的赤子之心与中国文化里岳飞、辛弃疾这类人的性情极为相似，因此他身上也流露出中国古代士大夫壮志难酬的沧桑和悲凉。虽然《伊利亚特》里英雄辈出，可从头到尾只有他一人对古希腊武士精神产生了质疑，并借此触摸到游戏规则背后的虚无和荒谬。也正因如此，他注定无法被旁人理解。如叔本华所说，“人生只有两个可能：要么寂寞，要么平庸”。

但离斯倔强的性格未必受到欢迎：肯定有人嫌他情商太低，不懂妥协，还一意孤行，远不如足智多谋、四两拨千斤的奥德。然而离斯的才赋需要用慧眼识辨。他并非计谋高深、心思缜密，但有时只有倔强、死脑筋的人才能不依不饶地追查到权力问题的所在，比如特洛伊战争是如何抹杀希腊人和特洛伊人的共同性，将他们划成两个非我族类的对立阵营，这个两极的意识形态又如何提升了孟农德不配位的权柄。其实离斯带来的思考一直离我们很近：如何促进和平、化解仇恨；如何监督权力、保障公平；如何让人与人之间坦诚相待，族群与族群之间互相理解。在我看来，在这些根本问题被解决之前，人工智能、大数据、融资营销等都只不过是为这偏颇的世道披上了一件华丽的外衣，而无法从根本上消除文明人内在的缺失和狭隘。

可如今，聪明的人都在研究如何寻获一条最方便、最快捷的成功之路。对于社会上的弊端，他们心知肚明，但若要他们去反抗，那是万万不能的。只需趋利避害，就可以坐拥财富和地位，为什么还要去犯傻呢？更何况这类人私下都很善良，除了白天给既得利益者卖命外，下了班会收养小动物，接济一下我这种落魄的朋友，对餐馆服务员、保洁阿姨、滴滴司机嘘寒问暖。虽然很爽地吃了他们的大餐，我还是要耿直地说一句，靠一人的小德小善，终难“大庇天下寒士俱欢颜”，只有共同努力改变社会才是王道。如果多些像离斯这样的“傻人”，大家不遗余力地推动对制度的反思，或许将不会再有众多慈善对象，而是大众皆可“策马奔腾，共享人世繁华”。

离斯的幸运之处是他一直活在半现实半神化的古希腊神话里，所以马克思会说："古希腊人才是真正的孩童。"相比之下，中国的精英文化很早就褪去了神灵和鬼怪的元素，从而丧失了天马行空的幻想空间。纵观古代的君子，虽说可以寄情山水，相忘江湖，但实际上却难逃家族和朝廷所带来的层层约束，因此无数风流人物就被城府和权谋磨平了棱角，从而透露出一种中国特有的沧桑和迟暮之感。

荷马同时也刷新了人们对英雄这个概念的认知。一般人可能认为英雄代表崇高无私和完美无缺，那是受了基督教和集体主义的影响。反观离斯，虽人格缺陷明显——他脾气暴躁，难以相处，还是一个爱哭鬼，被孟农欺负了要哭，帕特洛死了他哭个不停，碰到普里摩又大哭一场——但他之所以被视为盖世英雄，是因为他一系列不寻常的决定：放弃漫长安逸的一生，与全世界为敌，原谅不可原谅的敌人之父。离斯有偏差，有失落，却不断在思索和成长。人生在世，这不就是最英雄的活法吗？因此，古希腊排名第一的英雄永远是快足如飞、爱哭爱怒、热血沸腾的离斯，绝无他选。

CHAPTER 3

深不可测的《奥德赛》

第 3 章

终究回归

1 / 因何滞留？

《奥德赛》是《伊利亚特》的姐妹篇，两部史诗都归功于同一作者——传说中一位名叫荷马的盲诗人。《伊利亚特》讲述的是希腊盟军耗费十年时间出征特洛伊——主人公是英勇无敌的离斯；《奥德赛》讲述的是战后希腊英雄如何耗费十年时间回归故里——男主角是计谋过人的奥德。可以说，前者的主旋律是死亡，是离斯如何排除万难远征他乡，并为此付出了年轻的生命。而后者的主题则是生存，是奥德如何杀魔除妖、历尽艰辛与妻儿团聚。

荷马讲故事非常有艺术性，一篇洋洋洒洒、超过15 000行的《伊利亚特》并没有按部就班地从战火燃烧的第一年讲起，而是直接跳到攻打特洛伊的第九年。荷马没有铺陈和介绍，一上来就大肆宣扬离斯的怒火，并说明了盟军岌岌可危、内忧外患的现状。同样，《奥德赛》的开篇也立刻将读者置身于正在发生的事件中。在诗歌的开头，奥德已在外颠沛流离长达九年，正被困在一座孤岛上。同时，天神波塞冬对他怀恨在心，发誓要不遗余力地阻挠其归途。而在他老家伊萨卡，正有108个贵族子弟纠缠着他的妻子，觊觎着他的家产。此时所有幸存的希腊王子俱已安然返乡，独他一人还滞留在外，且随从俱亡。

《奥德赛》的第一行，从古希腊语翻译过来是这样的：

> 那人——告诉我，天神——那个聪明绝顶的人，
> 如何在攻破被神灵庇佑的特洛伊城后依然历经磨难。

这话着实让人有些奇怪，为什么奥德谋略过人却命运不济，明明踏平了敌人的土地，却还辗转漂泊，有家难回？

2 / 自我与异类

尽管希腊人和特洛伊人在《伊利亚特》里斗得你死我活，但在很多事情上，他们基本三观一致。

我们举个例子。在第6章里，希腊阿尔戈斯（伯罗奔尼撒半岛东北部的一个城邦）的王子狄俄墨德斯（Diomedes，简称“狄俄”）和特洛伊的盟友格劳克斯（Glaucus，以下简称“格劳”）在战场上相遇。狄俄见对手外表非凡、器宇轩昂，忍不住好奇打探：“阁下姓甚名谁？是何方人士？”谁知格劳故作姿态而不肯透露：“浮生在世，朝

如夏花暮如秋叶；人间英雄，滚滚后浪卷前浪。你我两军作战，何必废话？”

大家可能纳闷，这是在生死搏斗还是在举办吟诗大会？不错，《荷马史诗》里的武士都爱抓住机会大秀口才，而且语调文绉绉的，还自带格律，两军对阵时也不例外。

格劳对自己吟诵的对仗工整、辞藻华丽的诗句十分满意，但还意犹未尽，看到狄俄态度诚恳，心想不妨趁此良机让世人知道自己的赫赫大名，于是干脆卸下头盔，放下武器，往草地上一坐，仗先不打了，开启了一个单人说故事模式。

话说当年有一武士叫柏勒洛丰（Bellerophon，以下简称“柏勒”），可谓“陌上人如玉，公子世无双”。一日，柏勒路过阿尔戈斯，那里的王后对他一见钟情，疯狂地爱上了他。柏勒却拒绝染指有夫之妇。王后因爱生恨，转而向丈夫诬告她被柏勒非礼。国王心生一计，命柏勒前去给比邻的吕基亚国（现土耳其境内）的君主送密信，内容就是“好好招待”信使，意思就是让来者从此在人间蒸发。英语里有一句“柏勒的信”（Bellerophontic letter），指的就是明明在传递伤害自己的信息，还被蒙在鼓里，类似中国人说的“被人卖了还帮人数钱”。

吕基亚国王于是指派柏勒去收服一个名叫喀迈拉（Chimera）的怪兽。喀迈拉长着狮头、羊身和蛇尾，口吐烈焰，经常毁坏农田和牲畜。结果不用说，怪兽生来就是为了彰显主角的光芒，当然是被柏勒收服了。

一计不成又生一计，国王又让柏勒出征索力玛人（Solymus）和亚马孙人（Amazon）——两个以凶狠好斗著称的野蛮部落，后者还全是女人（女王在番外篇里出场），但柏勒依然毫无悬念地完成了使命。

吕基亚国王再也没有了耐心，便直接在柏勒回来的路上安排埋伏，可那些杀手要么没吃饱饭，要么不走心，柏勒还是毫发无损地回来了。

如果说前面都是战无不胜的老套路，接下来的故事就有了反转。吕基亚国王为无法铲除柏勒而感到惊诧万分，转念一想，既然杀不了你，那就把你留下为我所用。于是把女儿许配给柏勒，将他变成了自己的女婿和革命接班人。就这样，盖世英雄柏勒和美丽的公主结为夫妇，并生下三个孩子，从此定居吕基亚。其中一个女儿被宙斯看上，生下了萨尔冬（Sarpedon）——我的表兄；她的哥哥希波洛赫斯（Hippolochus）生下了一个儿子，就是我格劳——前来支援特洛伊的吕基亚人首领。

3 世代盟友

这个格劳不开口则已，一开口就滔滔不绝，半天才把祖宗三代的身世讲完。

狄俄听到这里震惊了："什么，你父亲是希波洛赫斯，你祖父是柏勒？怎么不早说啊兄弟？我爷爷当年与贵祖父是世交，当初他在阿尔戈斯时，贵祖父款待 20 多天，两人由此结为世代盟友。作为盟友的后代，我们也是哥们儿！ 原来都是一家人。怪不得我看你那么面善。”说罢，狄俄使劲摆摆手：“不打了，不打了，让我们拥抱一下。”就这样，原本要拼个你死我活的两人竟然交换礼物，握手言和，退出战场一起去晒地中海日光浴了。

狄俄和格劳这个暖心的插曲虽然没有改变战争的最终走向，但体现了跨国盟友在荷马文化里的普遍性。以此类推，我们还可以得出几个结论：

⊙ 抛开暂时的矛盾，希腊人和所谓的敌人在待人接物方面的态度基本相同。

⊙ 在这个价值体系里，善待流落在外的远方之人受到肯定和弘扬。正因如此，萍水相逢的异族可变成莫逆之交，偶然的邂逅也能变成一段义结金兰的美谈。

⊙ 在神话族谱里，几乎所有人都会和天神或英雄沾亲带故。比如上面提到的萨尔冬和格劳，明明是小配角，却还都是宙斯的儿孙。当初神就那么几个，时间越往上推，大家越有可能都是血亲，因此无论当下争得如何你死我活，也不能排除有朝一日握手言和，一笑泯恩仇的可能。

这个提倡结盟交友的文化促使我们反问：为何所有的相遇不能都演变为一段天长地久的友谊或是一场皆大欢喜的婚礼？有什么恩怨是非一定要通过战场上的厮杀而不是人与人之间的真诚对话解决？这个想法听上去很幼稚，但值得最聪明的人去研究。

4　好汉去海外

与《伊利亚特》里文化相通的将士不同，《奥德赛》中的一系列人物之间差异巨大：他们之中论类别有仙有魔，有外族，有异类；论态度有些好客，有些仇外，有些敬天神，还有些竟公然找死，放话连宙斯的账也不买。

可以说，无限悲情、热血的《伊利亚特》引发的是对人性和制度的思考，而充满神幻奇险的《奥德赛》关注的则是自我与外族/异类的碰撞。

在史学家们眼中，《奥德赛》里大量的异域奇幻描写反映了当时希腊与海外的频繁接触。

在经历了公元前 1200 年左右的巨大灾难后，中东和埃及在公元前 900 年左右开始恢复稳定。这一走势带动了整个地中海圈内经济、贸易和文化的复苏。一度休养生息的希腊也开始在此时放眼四海，大胆探险，为后来的大规模移民打下了基础。公元前 750 年左右，希腊在意大利西部建立了第一个殖民地，随后一发不可收拾，到了公元前 500 年时，希腊人在西班牙、法国南部、意大利、亚得里亚海、黑海南部和北非的海岸线上一共建立了 500 多个新根据地。因此，公元前 750—前 500 年的这个时期被称为“殖民时期”，移民人数占总人口的 40%左右。

殖民这个词其实并不确切，因为它首先让人想到近代欧洲对第三世界的霸权统治。当时西方在武力上遥遥领先，军事的悬殊促成了对外的种种不平等。但是希腊的殖民模式却大相径庭，特别是在早期。公元前 9—前 8 世纪，希腊本地人口持续增长，对有限的耕地造成了压力，不少人开始往外开疆拓土。在这个过程中，希腊移民的实力并不占绝对优势，新领地在政治和经济上也完全独立，鲜与母邦有牵扯。因此在扩张阶段，虽然没有完全避免与原住民冲突，但也不乏众多和平共处、互不侵犯的个案。

相比之下，完全一边倒的是希腊在物质文明上向海外的疯狂借鉴和效仿。比如在陶器的装饰上，原先简单的几何图案变成中东地区精致的花鸟鱼虫。在雕塑上，出现了与埃及风格极其相似的大型站立人像，唯一不同的是少年均赤身露体，保留了对男性裸体的推崇。

史学家还考证出，家禽就是在那时被引进希腊，鸡在当时被称为“波斯鸟”，从此餐桌上又多了一道高蛋白的硬菜。

另外，过去的希腊人聚会时都是坐在椅子上，但中东的长形沙发被引进后，贵族喝酒时都改成了半卧半躺的撩人姿势，有现存陶瓷上的图画为证。

更重要的是，希腊人在腓尼基（地处现今的叙利亚和黎巴嫩沿海地带）人文字的基础上创造了可拼写的字母。要知道，上一次出现书写已经是 400 多年前的事了。

后来，这项技术被罗马人知道了，觉得十分有用，也效仿起来。要说罗马人厉害起来可以征服八方，统领四海，但是要他们搞点原创，那是万万做不到。这些罗马字母后来被运用到英语里，一路传承下来，至今还折磨着不擅外语的小朋友。这些非亚文明所带来的浓浓异域元素，赐予了公元前8—前7世纪一个称号——“东方化时代”。

尽管时代背景如此，但若硬要把《奥德赛》里的事迹与我们所知的殖民时期史实全盘对号入座，便是执念太深。事实上，正因为《奥德赛》架空了真实的历史，才能让生活在21世纪全球化浪潮下的我们引起无限联想和共鸣。

多彩世界

1 模范的费阿刻斯人

我们的主人公奥德在外遇到的各路人物可以分为三类：仁义标杆、恶魔鬼怪和妖艳小姐姐。

首先，将善良诠释得淋漓尽致的就是费阿刻斯（Phaeacian）国王一家。奥德在流浪十年遇到他们后，就立刻开通了回家之路。不得不说，有时努力一百次，不如遇到一个贵人。

在这之前，奥德被魔女卡吕普索（Calypso）困在一座荒岛上达七年之久，已然从明眸皓齿的小鲜肉变成了满脸风霜的大叔。针对奥德与家人分离长达二十年这个残忍的事实，奥林匹斯众神举行了年度工作会议。参会者热烈讨论并发言，最后一致通过了协助奥德回家的决议。注意，有一位常委“恰巧”缺席，那就是对奥德无比痛恨的波塞冬。大会结束后，众天神派赫耳墨下凡做卡吕普索的思想工作。经不住赫耳墨书记软硬兼施，卡吕普索最终应允让心上人离去。古希腊最聪明的英雄终于乘上小舟，在海上乘风破浪，一路向西……请想象一下奥德所看到的画面：波光闪闪、风和日丽，不远处几缕从家乡伊萨卡升起的炊烟依稀可辨，眼看就要踏上故土，与家人团聚……就在这个激动人心的时刻，深居海底的波塞冬无意间探出头来视察海面，一眼就看到了恨不得生吞活剥的仇人。海神马上意识到自己被塑料兄弟宙斯和众神出卖了。眼看死对头几乎要平安到家，波塞冬怎能袖手旁观，他马上兴风作浪，翻云覆雨，想让奥德就此葬身海底。万幸的是，雅典娜在关键时刻出现了。只要奥德有难，雅典娜几乎总是第一时间伸出援手：这个女神也不知是上辈子欠了奥德的——神仙应该没有前生，还是被他撩到了——可雅典娜的官方人设是禁欲派的。现在奥德遭遇狂风巨浪，雅典娜再次出手，第一时间将他安全地引渡到斯刻里亚岛（Scheria）上。

在这里，衣不遮体的奥德被费阿刻斯公主和侍女撞见，尽管他的形象有些狼狈，但估计胸肌还是有的，羞得几个未成年的女孩子忙遮住了眼睛，慌忙给他递上衣服。雅典娜施法让穿上衣服后的奥德格外神采奕奕、英姿勃发，公主看了心里小鹿乱撞，急于将帅哥带回城内，并一路上传授如何博得自己父王母后信任的攻略，然后两人为了避嫌而分道扬镳，再由雅典娜接手将奥德领入王宫。

“您不会是神仙下凡吧？”王后看到奥德时，也立刻被他迷住了。

奥德却很低调。“非也非也，在下不过是命数不济、寻求帮助的不幸之人。”他小心翼翼地隐藏自己的真实身份，“本人流浪在外，不幸遇到海上的恶劣天气，随行物品和同伴均已离散，只望两位有好生之德，发悲悯之心，送我回家，此大恩大德定当永记在心。”

国王的一家都是傻白甜，连这人是谁都没搞清楚，就被这三言两语打动了。这里费阿刻斯王室给我们如何做国际友人的典范上了一课。

费阿刻斯王室没有因为不同的文化和习俗对陌生人避之不及或产生猜疑或排斥，相反，他们对异乡来客十分好奇和尊重，相谈甚欢后，视对方为可信任的亲友。既然都是一家人，不论别人是否身世显赫或有无利用价值，都要竭力伸出援手。费阿刻斯王室的做法完全符合希腊文化里“森雅”（Xenia）的观念。“森雅”所表达的就是不同群体之间的跨国情谊，也就是之前提到过的盟友之好。直到今天，在欧洲移民政策的讨论中，支持难民的一派也会提到古希腊的“森雅”传统，这其中所提倡的开放和平等的精神完全不同于后来城邦国家的封闭排外。

交代完人畜无害的费阿刻斯人，接下来看看《奥德赛》里的恶人。所谓好人千篇一律，恶人花样繁多，在描写反派这方面，荷马诚意满满，让人脑洞大开，不容错过。

2 / 奥德的自述

在送奥德离开的前一夜，费阿刻斯人载歌载舞，杀鸡宰牛，举办了博人眼球的竞技比赛和文艺演出。酒过三巡，王宫中的御用歌者准备上前吟唱，作为贵客的奥德点了一出希腊人用特制木马攻陷特洛伊的桥段。随着一阵强烈的回忆杀，平时不露声色的奥德也情不自禁地流下了眼泪。

王后看到神秘大叔猛然如此多愁善感，柔声问道："贵客何故一听有关特洛伊战争的事迹就泪湿衣襟？敢问您究竟是何人？"

有王后的这一提问，讲故事能手奥德才将战争结束后的十年里所经历的遭遇向读者娓娓道来，其中是否有夸张或虚构，荷马并不明言，我们也永远不得而知。

在他的叙述中，整部《奥德赛》里的头号反面人物——海神波塞冬的儿子，独目巨人波吕斐摩斯（Polyphemus，以下简称"波吕斐"）登场了。生来只有一只眼睛的巨人在宙斯统治之前就出现了，这个恐怖的基因隔了好几代，在海神波塞冬的后裔身上窜了出来。

3 ／ 独目巨人

奥德告诉我们，在攻破特洛伊之后，他们一伙人遭遇风暴，漂流到了独目巨人栖息的岛屿。靠岸后，奥德在现场进行了实地勘查，随后对之嗤之以鼻，原因有三：

⊙ 拥有大片沃土却不耕田，任由其荒芜，漫山的山羊自由放养，简直是暴殄天物。

⊙ 地处天然港口，却开拓航海，不开展贸易，白白浪费了地理优势。

⊙ 岛民们独居于山洞中，缺乏组织和协商，整个部落如同一盘散沙。

历史学家指出，这座巨人岛是反衬希腊社会的一面镜子，暴露出当时希腊人对文明的独特定义和价值观。

尽管如此，奥德的观点很值得推敲。第一条就否定了所有不从事农耕的早期民族。可历史上人类从狩猎采集到播种谷物的转型造成了生态破坏、官僚滋生和男尊女卑的形成，所以孰是孰非很难评价。第二条所说的对外封锁虽然会造成潜在经济损失，但若形成了自给自足的供需系统，倒也无伤大雅；最致命的是第三条，任何无组织、无纪律的群体都是无法长治久安的，希腊人说到了点子上。

总之，奥德等人到达这个无人看守的荒岛后，很幸运地猎捕到一只野羊，饱餐了一顿。照理应该见好就收，立马走人，但奥德心里住了个熊孩子，一定要探个究竟，于是便带着同伙一路寻到了独目巨人波吕斐居住的山洞。主人此刻不在，昏暗的洞里面圈养着好多小羊，储藏着奶酪。

下面请欣赏奥德花式作死：他的伙伴本想顺手牵羊，然后一走了之，可爱面子的奥德为了彰显自己的厉害，义正词严地拒绝了同伴的提议，并提出了一个大胆的设想——“先吃奶酪，等主人回家，向他说明苦衷，用真诚打动他，让他再送一些羊羔。”这可能是最古老的空手套白狼版本。

不久，独目巨人波吕斐迈着悠闲的步伐，将羊群赶回山洞。他用巨石将洞门堵好，等挤完当日鲜奶，生了火，才发现家里多了好些不速之客。毕竟只长了一只眼，视力差些也正常。

他睁大了唯一的眼睛，问道：“好家伙，你们是从哪里冒出来的？

是有事来访的正经人还是无事四处抢劫的海盗？”

波吕斐还真是耿直，竟以为匪盗之类会坦白自己的身份。

“我们是阿凯亚人——这是荷马在史诗里对希腊人的称呼——现在的身份是来投靠您的求助者。遭遇不测，非我们所愿，期望您能伸以援手，赠以礼物。神通广大的宙斯庇佑世界各地的求助者，惩罚所有无视他们祈求的人。”

“这位先生，你太可爱了，我们独目巨人与宙斯从无瓜葛，更不会因为怕他而原谅你们的胆大妄为。”

说着，波吕斐抓起奥德的两个战友，重重地往地上一摔，两人马上脑浆迸裂。波吕斐欢快地将惨死的人大卸八块，配着新鲜的羊奶，大快朵颐一番，然后昏昏睡去。

在旁目睹了同伴惨死的奥德恨不得当场用匕首捅死波吕斐，但他知道，独目巨人死后，自己无法将堵在门口的巨石移开……一切须从长计议。

4　机智脱困

第二天一大早，波吕斐挤了一些羊奶，又吃了两个希腊人当早餐，然后美滋滋地哼着小曲儿赶羊出洞了。

此时此刻，心情愉悦的波吕斐自然无法体会被留在山洞里的希腊人有多懊恼绝望。

他们埋怨奥德不该非要和波吕斐打交道，捅出这么大的娄子。当别人已经崩溃时，奥德却专心思考对策。果然，眨眼之间，他便计上心头。

奥德先在山洞里找到一根粗壮的树枝，将其一端削尖。

晚上，波吕斐回来后又狼吞虎咽地吃了两个人。奥德赔着笑脸将随身携带的高级红酒递给他。

“兄弟，喝两口吧，这原本是我准备送你的见面礼，现在当我们的散伙酒。”

“你这么客气，弄得我都有些不好意思了。这样吧，你叫什么？我也送上一份薄礼，聊表心意。”

一边是工于心计的腹黑王子，另一边是愚蠢的巨人，两人竟然开始礼貌地寒暄起来。

奥德的答案让他稳坐古代西方狡诈第一人的宝座。

“我叫‘梅仁’。”

“那好，我先把你的同伴都吃光，最后吃你，这就是我送你的礼物，不谢，不谢。”

不多时，波吕斐烂醉如泥，倒头入睡，嘴角边还不时溢出人肉沫子。

机不可失，失不再来。

奥德和同伴们将准备好的树枝用火烧得发红。然后，奥德对准波吕斐的独眼一下子戳进去。皮肉接触到滚烫的木头，发出吱吱声，夹杂着难闻的焦煳气味。

波吕斐痛得惨叫，声音传到了住在周边的独目巨人耳里。连平时互不干涉的邻居都开始好奇：“波吕斐，你这是怎么了，是有人偷你的羊吗？还是有人伤害你？”

“没人（梅仁）在欺负我，没人（梅仁）把我的眼睛戳瞎了！”

“没人？那你深夜如此鬼哭狼嚎地大叫，有病啊？……有病只能找医生，我们可帮不了！”

“真的，相信我，没人（梅仁）在害我！确实是没人（梅仁）！”

“真的没人？那我们先洗洗睡了。”

可以想象，在一旁的奥德听到这段对话时，如何在心中狂笑。

波吕斐眼看跟这群猪队友讲不清楚，便摸到洞口，把石头推开，自己守在那里。他心想，我虽然看不见，但可以把你们这群兔崽子一辈子堵死在我的洞中。

但是，这点小伎俩如何能难倒神机妙算的奥德？

他用波吕斐睡觉时铺在地上的一些干草扎成绳子，将三只羊横着捆成一排，然后把战友分别绑在两只羊的腹下。自己另选一只最肥的羊，然后死死贴在羊肚子上，两边用肥厚的羊毛盖住。

天亮时，波吕斐继续守在洞口，触摸每只出洞的羊，不让坏人混在里面。他数来数去，羊群的数量都不多不少，只是有几只突然身体肥胖，走路摇摇晃晃的。那几只腹下藏人的羊也非常不爽，想告诉主人其中的玄机，可惜说不出人话来，只能咩咩大叫。就这样，奥德等人惊险万分地在波吕斐眼皮子底下逃出了洞穴。

要说他们死里逃生，已是万幸，应速速离开这是非之地。但是奥德秉承不作死就不会死的宗旨，在船离岸时，大声向波吕斐挑衅：“波吕斐，你听好了，本英雄行不改名，坐不改姓，把你弄瞎的人就是我，大名鼎鼎的奥德。”

得意忘形的奥德忘了独目巨人尽管一无是处，但是有个好爹波塞冬。波吕斐牢牢记下奥德的名字，转身就去找老爹告状。在奥德眼里，波吕斐或许愚不可及，但在波塞冬眼里，他却如花朵般可爱。波塞冬为了替儿子报仇，从此费尽心机截断奥德的返乡之路。

5 ╱ 恶人榜排名

凭着低智商和坏运气，独目巨人波吕斐在《奥德赛》的恶人榜里成功地登上榜首。

除了他，还有一些角色给奥德的归途制造了阻碍，比如居住在希腊北部的色雷斯族。在离开特洛伊后，奥德首先遇到了他们。

在特洛伊大开杀戒后，希腊人丧失了理智。他们对待色雷斯人的态度就是“攻破他们的城池，杀光他们的子民，掠夺他们的财产，抢占他们的妇女”。

可怜的色雷斯人一开始毫无防备，等回过神来，已失去先机。所幸他们及时应对，重组人马，绝地反击，最终重创希腊人。

你若不仁，休怪别人不义，以彼之道，还施彼身，这个道理古今中外皆通。

接下来，他们遇到的是北非附近的“吃藕人”（大家不要想多了，当时还没有网络用语，原文还真的只是吃藕，并非特指长相丑陋）。以藕为食其实象征着一种自然和谐的生活方式。相比之下，耕种粮食必须耗费大量劳动力，而盈余却容易被有权阶级掠夺剥削，所以吃藕人纯良无害、天真无邪，也问心无愧。只是外界人士一旦品尝他们特产的“莲藕”，就会滞留不前，忘记身份。最后还是奥德强行把那些吃了藕的战友连哭带叫地绑在船上，才得以离开。可见与世无争、安逸无求的生活终难以抵挡文明的诱惑。

这些就是奥德和战友们在遭遇独目巨人波吕斐之前的经历。

除了以上奥德遇到的几款人物外，剩下的还包括：

⊙ 住在石头城里的食人族部落。这些恶魔用矛将人戳起来直接当烤串吃。遇到他们，那只有三十六计，走为上计。

⊙ 人首鸟身的海妖塞壬（Siren），凭借美妙的歌声迷惑人类。奥德把同伴的耳朵塞住，然后让他们把自己绑在柱子上，还下令到时无论他如何哀求都不要松绑。这样当塞壬在他头顶盘旋歌唱时，他既能听到绝世的歌声，又不会迷失心智。

⊙ 航海道上的两只超级怪兽斯库拉（Skylla）和沙布里（Chabris）。前者长着六个脑袋，需要六人活祭；后者专门制造漩涡，每天必吞没三批船队。尽管奥德一行人小心翼翼地避开了沙布里，但还是有六名同伴不幸被斯库拉吞食。（有学者认为这两者的原型可能是意大利本土与西西里岛之间海峡两侧的危险涡流和沙洲）。

总之，一路上，五花八门的妖魔鬼魅应有尽有，打怪升级的套路更是与《西游记》有一拼，感兴趣的读者可以去详读。

遭遇这些对手时，奥德有时正直如君子，有时卑鄙如小人，时而展露卓越的才智，时而却犯下愚蠢的错误。和《伊利亚特》的主人公离斯一样，奥德并不完美，也绝非圣贤。但在他尔虞我诈、精于算计的外表下面，依然保留了一颗勇于探索、好奇无比的赤子之心，谨此便足以担当古希腊人所仰慕的英雄称号。

6 ╱ 妖艳小姐姐

接下来讲讲更劲爆的妖艳小姐姐们。

首先是法力高超的魔女喀耳刻（Circe）。奥德逃离了食人魔后就漂流到了她栖息的小岛。

奥德先派一支小分队去侦察情况。他们来到一栋大宅子前，看见院子里散养着一群雄狮猛虎，却都被下了药一般，乖顺得犹如小狗小猫。

这时，秀发飘飘的女主人出来了，她端庄优雅、气质高贵，见有人到访，马上露出迷人的微笑，请水手小哥哥们进去做客，并奉上美味的奶酪和佳酿。这些人享用完佳肴后，瞬间就化身成了猪，全然不知自己是返乡路上的将士——注意，这里不是比喻，尽管有些人如猪一般好吃懒做，但这里真的是中国人拿来做红烧肉的动物——原来这些食物和酒都被下了药，而下药之人就是喀耳刻。这些猪男立刻被喀耳刻无情地赶进猪圈。唯一一个在院外观望的同伴看到这诡异的一幕，吓得魂飞魄散，马上飞奔回去禀告奥德。

奥德听后不知所措，可他毕竟深得天神喜爱，于是赫耳墨悄然来到他身边，送上温馨小贴士：

如果想救你的同伴，需要照我所说的去做：你需要提前服下我给你的解药，这样喀耳刻的迷汤就会失效。在她对你下咒之前，你就可以拔出利剑来震慑她。喀耳刻一害怕，就会要和你做羞羞的事，你千万不要拒绝。等她脱光衣服、赤身裸体时，就可将她彻底降服，逼她还你同伴人身，并对天发誓永不伤害你们。

说了半天，行动的内容原来是美男计。估计好多人都暗中苦恼："怎么这种'艰巨'的任务就不落在我的头上呢？"

接下来的事情有如赫耳墨所说，喀耳刻将奥德迎至家中，殷勤地奉上下了料的食物。

当她拿出魔棒，准备施咒时，奥德抢先一步，将剑指向喀耳刻。看到英气逼人的奥德，女神像换了个人一般，娇声说道："英雄，收起你的匕首，我俩郎才女貌，何必刀剑相向，不如共浴爱河！"

奥德也没有丝毫扭捏，直言道："要我答应可以，但你要起誓对我不能有任何二心。"

魔女平时连凶悍的狮子和老虎都不惧怕，但遇到心动之人时，身体是诚实的。两人一番云雨之后，喀耳刻立刻对奥德佩服得五体投地，将他的猪队友全都变回人形，还大摆酒席款待他们。大家尽释前嫌，把酒言欢。就这样，在这"春色涟漪"的温柔乡里，一伙人转眼就浑浑噩噩地过了一年，注意，是一年！

还好，奥德的身边还有几个人意识清醒。经他们坚持不懈的抗议，奥德才想起自己老家还有妻儿。

缤纷天地

1 / 死人谷之九重地

奥德把离开的打算告诉了喀耳刻，魔女倒也没哭没闹，只是平静地告诉他，只有去一趟位于九重地的死人谷，拜访那里的盲眼巫师忒瑞西阿斯（Tiresias），才能顺利回家。

喀耳刻本以为这样说，奥德会知难而退，没想到奥德毫不犹豫地同意了。

这个凡人死后的栖身之地和后来基督教所描述的天堂或地狱很不一样。

荷马称，九重地入口边上居住着一支古老的游牧民族——辛梅里安人（Cimmerians），他们栖息的地方终年"云雾缭绕，不见天日"。

奥德按照喀耳刻给出的提示，在那里挖了一个深坑，然后遵从祭祀礼仪，先倒入蜂蜜拌牛奶，然后是甜酒，最后是清水和谷子。奥德诚心向死去的亡灵祈祷，并用匕首割破两只羊的脖子，让殷红的鲜血流入坑内来招引鬼魂。看来希腊人在阴间也照样是吃货，只是口味变重，喜奶酒血汤。

没多久，大群鬼魂如白烟般升起，凝固成人形，围绕在奥德身边，有垂垂老矣的耄耋老人，有青春少艾的清丽女子，也有眉清目秀的惨绿少年。奥德牢记喀耳刻的话，挥舞大刀，除了盲眼巫师忒瑞西阿斯外，不让别人靠近。忒瑞西阿斯喝下鲜血后，暂时恢复元气，开始吐露真言。这个德高望重的通灵者给了奥德四条重要提示：

⊙ 因独目巨人的眼睛被戳瞎，他老爹波塞冬对你恨之入骨，会处心积虑与你为敌。但若你们此后行事谨慎，或许还能平安到家。

⊙ 无论如何，千万不要去碰日神的牲口。如若不然，会付出死亡的代价。

⊙ 最终成功回归故里之日，你会丧失所有同伴，孤身一人面对一个支离破碎的家和一场腥风血雨。

⊙ 不要以为你可以就此安然终老，未来的你注定再次漂泊，直到遇到一个从未见过船桨的民族。到时，你必须向波塞冬祈祷，解除他的仇恨，让他不计前嫌地允许你安养余年，然后你方可在家人的陪伴下走完此生。

本来因为“猪头”波吕斐和“魔女”喀耳刻等人物的出现而颇带喜感的《奥德赛》，一下子画风逆转，开始变得有些悲凉。

紧接着，奥德母亲的魂魄飘了过来。想当年他离家时，母亲尚健在，如今却阴阳两隔，实在令人感叹。饮血之后，母亲带来了他急需知道的答案："你的妻子忠贞不贰，不肯再婚。尽管希望渺茫，她依然日夜期盼有朝一日能与你团圆。你的家产逐渐被懂事的儿子接手，但稚子毕竟年幼，势单力薄，难免被人骚扰与威胁。你的父亲隐居乡间，与仆人一同生活，虽然年迈体弱却仍然思念你。至于我……我并未被人暗算或身患疾病，只因思念你过度，终日啼哭导致元气耗尽。"听到这里，奥德忍不住伸出双臂，想将母亲揽入怀中，但连着三次都只有一缕青烟，触摸不到任何血肉之躯。两人只能伤心作别。

奥德的母亲走后，迎上来一群女眷，有出身尊贵的公主、王公贵胄的千金、母仪天下的王后和受人尊重的夫人等，都与奥德一一攀谈。最后他还见到了在大战中或路上命丧九泉的战友们，首先是孟农。这个当年风光无比的三军统帅哭诉着自己的厄运：

> 我从特洛伊千里迢迢赶回老家，刚踏进门就被内人和奸夫谋杀。我死时，伸在半空的手还挥舞着，眼睛都没合上，就直接来到了九重地，真是惨绝人寰。
>
> 所以听我一句忠言，不要轻易对别人推心置腹，包括你的妻子。等你到家时，多留些心眼，切忌大张旗鼓。还好，据我所知，你的夫人无比忠贞。你走时，她风华正茂，怀抱幼子；你走后，她孝顺公婆，持家有道。还是你命好，有一天还能将少公子揽入怀中，我那贱人连儿子都没让我看一眼。

在不久的将来，孟农的儿子手刃母亲，替自己的父亲报仇。但就算在希腊这个父权主导的社会，作为一家之主的少爷私下处决出轨、弑夫的母亲还是引发了巨大争议。由此在神界所引发的讨论和仲裁被写进了一部大名鼎鼎的希腊悲剧里。这是后话。

接着上前与奥德交谈的是希腊第一勇士离斯，当年他被帕里斯的毒箭射中脚踝，死于特洛伊。他幽幽地哀叹，与其待在这个不见天日的地方做王，还不如在日光下的人间做隶农，所以嘱咐奥德千万要珍惜生命，不要寄望于下世。

话题一转，离斯询问自己年迈的父亲珀琉斯是否安康，是否因为他不在身边照顾而被怠慢。还有自己的犬子，是否如他期待地成了一名人人敬佩的英雄。

奥德答道："我并无令尊的消息，但可以告知仁兄，您走后，贵公子加入了攻打特洛伊城的行列。在议政时，他言辞得当；在冲锋时，他身先士卒，尤其是当我们用计躲在木马里被特洛伊人带入城中时，许多人都吓得浑身发抖，但他全无惧色。在最后破城的混战中，他英勇不屈，丝毫不输你当年的风采。"

离斯听了之后备感欣慰。

孟农和离斯走后，第三位英雄上前。他看到奥德的脸庞后一言不发，不论奥德如何挽留，转头就走，这可真是尴尬了。不错，这位勇士名叫大埃阿斯，生前为了争夺离斯的铠甲而被奥德活活气死——具体缘由请看番外篇。

死人谷可是破天荒地有客来访，嗅血而来的鬼魂越聚越多，密密麻麻地围在奥德身边，眼睛直勾勾地在他和地上的酒奶血汤之间徘徊。奥德唯恐夜长梦多，快速起身离开了这阴惨凄凉的九重地。

他回到了喀耳刻的居处。魔女见奥德安然归来，便知他有天命护佑，必当如愿回归故土，非强力所能挽留。既然如此，魔女便知无不言，言无不尽，把前面一路上会遇到的危险彻底向奥德剧透了一遍。知己知彼，百战不殆。靠这些高含金量的信息，奥德得以通过半人半鸟的塞壬和海上双怪兽斯库拉和沙布里这两大难关。

2 ╱ 太阳岛的神牛

从斯库拉和沙布里手中死里逃生后，他们一路漂泊到了日神名下的仙岛小憩。

奥德牢记忒瑞西阿斯的警告，让所有人发誓绝不碰那里的牲口。

但整整一个月都天气异常，一行人等被困在岛上无法启程，随身携带的干粮已经吃光，众人饥肠辘辘，意志开始动摇。

这也不能全怪这些将士，十年征战，十年漂泊，这一路上他们损兵折将，历尽艰辛，已经由当初浩浩荡荡的大队人马变成可怜的零星几人。

另外，同为队友，别人却不像奥德一般拥有主角光环，可以跟神仙滚床单，下阴曹地府做客叙旧，听动人心魄的魔音，与独目巨人斗智斗勇。此外，奥德常常行事诡异，缺少透明度，为此招来了不信任和猜忌。之前就因为怀疑奥德从风王那里拿回来的袋子中藏着金银财宝，同伴们偷偷将其打开，结果舰队被里面封印的暴风一阵狂虐。

这次在太阳岛，积怨已久的众人又对奥德的禁令心生不满。

所以各位领导要注意了，团队中的抵触情绪如不及时安抚，很容易在关键时刻暴发，酿成大祸。

终于，怕什么来什么：奥德的战友们决定不顾他的再三警告，趁他熟睡时，将日神珍爱的神牛捕杀吃掉。

这下可闯大祸了，日神马上到天庭找宙斯论理。众神之父虽私生活糜烂，但如果事不关己，便赏罚分明，雷厉风行。为示惩罚，宙斯闪电打雷，掀起千重浪，将奥德一行人的船只全部打翻，导致男主以外的队友集体遇难。

3 ／ 精灵卡吕普索

接下来的一幕有些俗套：落难的英雄被绝色佳人相救，两人瞬间天雷勾动地火，感情喷发，这部狗血剧的女主就是精灵卡吕普索。卡吕普索独自一人在孤岛上居住，已经几百年没有见过异性，可以说早已“习惯了寂寞，不再相信爱情”，直到美男子奥德意外出现，她猛然“一眼万年”“终于等到你”。或许有人要问一句：这个主动献身的精灵自身条件如何？从荷马的言辞中可以看出，人家就是仙气飘飘、颜值逆天的仙女本尊。除此之外，卡吕普索还自带一座海岛，不但地产和能源丰富，还有山有水、鸟语花香，极其宜居。不但如此，卡吕普索还知晓古代皇帝求之不得的一样东西：长生不老之术。更重要的是，条件如此优秀的仙富美对奥德死心塌地，怎么看怎么爱。

估计不少人会纳闷，这种好事怎么就没落在我的头上呢？如果有这种机遇，再危险也要被宙斯扔到海里去。

和卡吕普索好上后，奥德在精灵岛上一待就是七年。荷马非常明确地告诉我们，奥德晚上与精灵小姐姐同枕共眠，白天坐在海边思念老婆和儿子，这种情况一直持续到讨论他命运的历史性大会在天庭召开。

让奥德回家的提议通过后马上生效。赫耳墨被派下凡来宣读决议，并做卡吕普索的思想工作。卡吕普索纵有一万个不甘心，也只能低头。但她对前来规劝的赫耳墨满是怨气，指着他的鼻子，发表了一篇抨击男女不平等的演说，足以让当代女权主义者刮目相看：

> 你们这些变态的男神，嫉妒心更胜于世上的凡人。每当女神要睡男人时，你们就义愤填膺。比如当黎明女神看上了奥利安（Orion），一个身材高大的射手，你们就充满怨恨，直到禁欲的忒弥斯将他射死。又比如当德墨忒爱上了英俊迷人的杰森，也不被待见，最终宙斯将杰森用雷电当场劈死。
>
> 如今你们也用同样的手法对我！当初我一手救下了这奄奄一息的男人，他身边的同伴已全数阵亡，只剩他一人抓着一块浮木在水里垂死挣扎。我见到他的第一眼就从心底里喜欢，想让他长生不老，伴我终身。

说到这里，卡吕普索一脸娇羞，但她又长长叹了口气：

> 但我也知道，宙斯和奥林匹斯众神下达的旨意难以违抗。既然这样，如果他有本事就自己走，但别想让我提供任何帮助。

作为女神，卡吕普索一旦遇到心仪之人，便倾其所有，爱得毫无保留，这没有一点毛病。

问题在于，她所倾慕之人是有家室之人：人家的老婆和孩子就在不远的伊萨卡。

就算卡吕普索是仙人，不能以“世俗”的眼光去看待，她也绝非能与奥德心意相通、举案齐眉的另一半。在荷马的描述中，两人平时的对话少之又少，奥德的大部分时间在想念家乡，而枕边人卡吕普索对此似乎毫无察觉。如此心思迟钝，怎能与古希腊第一精于算计的男神走到一块？

要知道什么样的女人能与奥德势均力敌、相辅相成，甘心让他明媒正娶、托付全家，并在经历那么多妖艳小姐姐后，依然占据他心中的重要地位，大家一定要继续往下看。

总之，卡吕普索勉强袖手旁观，任由奥德凭一双巧手扎了一个简陋的小木筏，然后悄然离去，真是一段孽缘啊！

奥德乘坐的木筏在海上不幸被缺席会议的波塞冬发现，遭无情打翻。落水后，奥德一路挣扎，直到被善良的费阿刻斯人解救，才时来运转。

4 ╱ 一路上的风景

在随奥德正式回家之前，让我们先把他在外遇到的人物按次序耐心捋一遍：

⊙ 先有被希腊人杀伤抢劫而后疯狂报复他们的色雷斯部落

⊙ 再有吃藕人和让人丢失记忆的莲藕

⊙ 自然还有狂妄自大、目中无人的独目巨人波吕斐

⊙ 接着是风王和他装着狂风的袋子：让奥德的同伴误以为里面暗藏珠宝，在路上偷偷打开，以致明明都要进入伊萨卡的海域，又被大风吹了回去

⊙ 将活人做成巨型肉串的食人巨魔

⊙ 将希腊人变成猪又变回人的魔女喀耳刻，与奥德好吃好睡了一年

⊙ 阴森凄凉的死人谷九重地和众多已过世的希腊名人

⊙ 歌声毁人心智，导致水手失误、船只触礁的塞壬

⊙ 埋伏在海峡两侧的超级怪兽斯库拉和沙布里

⊙ 日神饲养的神牛，被偷吃后，希腊人除了奥德以外全军覆没，丧命海底

⊙ 将奥德救起的精灵卡吕普索，此女将他困在身边达七年之久

⊙ 品德出众的费阿刻斯人，最终将奥德安全送回家

总之，奥德一伙人这一路下来惊险万分，没一刻让人省心。

最后要提一下费阿刻斯人，因为他们的下场令人十分唏嘘。善良的费阿刻斯国王隆重接待了奥德，并派人送其返乡，另外还奉上大批珍宝，其价值远远超过奥德一伙人从特洛伊所掠夺的。奥德可以说是咸鱼翻身，走了狗屎运。可波塞冬开始闹情绪了：本想好好教训奥

德，替儿子波吕斐报仇，谁知奥德这小子竟然如此风光地衣锦还乡，让他堂堂海神情何以堪？诸天神也颇为内疚，可谁让波塞冬在关键时候偏偏不在？就像缺席人民大会，等议题通过表决，盖了章，全国下了通报，再难改变，能怪谁呢？后来，小气鬼波塞冬想出一个让人不齿的办法：将费阿刻斯人护送奥德的舰队化作石头，以示惩戒。费阿刻斯人明明是做了最值得赞扬的事，却因被迁怒而遭到残酷的打击报复，可见波塞冬就是一个蛮不讲理的渣神。

好人不得善终，思之无不让人心寒后怕。

这样颠倒黑白的结局该如何解读？难道此中的教训就是大家以后都自扫门前雪，少管他人事？

个人的自我保护意识无可厚非，谁都没有义务冒着生命危险去见义勇为，但如果荷马的世界里存在着强大有效的舆论监督和制裁机制，费阿刻斯人的悲剧就能避免：神灵不管法力多强大，也依赖人间的供奉才能够香火旺盛。大家一旦联合起来，连高居奥林匹斯山的天神也须忌惮三分。所以这件事恰恰更彰显“天下兴亡，匹夫有责”和“明辨是非，挺身而出”的道理。

一个合理化的世界依赖一套支援和维护仁善的良性机制。有朝一日，当社会给予最平凡的人足够的保障和资本仗义执言、逢乱必出时，人性里的美好才会不断循环滋长，而不是停滞为苍白的道德口号。

在这方面，就算最厉害的宙斯肆意妄为，颠倒黑白，我们也要有勇气把他拉下马（或推下奥林匹斯山）。古希腊人从来不怕就对错进行讨论、争辩和抗争。作为他们的死忠粉，我也表示不惧。

5 ╱ 女人的世界

前面问道，究竟如何睿智、聪慧的女子才能成为奥德的妻子，并让他在外面“乱花丛中过，片叶不沾衣”？

仔细的读者可能已经发现，在希腊神话里，女性人物举足轻重，绝不只是依附男人的花瓶，因此在这一章里，我们着重讲一讲巾帼不让须眉的女子们。

前面所讲的奥德在外流浪的内容占《奥德赛》全诗的第 6~12 章，其中大部分来自他在费阿刻斯王宫里的自述（第 8~12 章）。

这部史诗最前面的第 1~4 章，被称为“忒勒玛科斯记”，因为它们围绕着奥德修斯的儿子忒勒玛科斯（Telemachus，以下简称“忒勒”）而展开。在开篇时，奥德还滞留在卡吕普索处，尚未成年的忒勒不得不出门四处打探父亲的消息。

这位伊萨卡的少主算是真的在逆境中求生存：在他家中有 108 位王公贵族正在骚扰他母亲，终日白吃白住，饮酒作乐，甚至还图谋不轨，巴不得他在外面发生点儿“意外”。

6 ╱ 回归后的海伦

忒勒出访的第一站就是迈锡尼。（还记得谢里曼的考古遗址吗？）

此城位于希腊伯罗奔尼撒半岛东北部，是墨涅拉和海伦的老家。

不错，当年那个启动千帆，引发无数纷争的世间第一美女海伦已毫发无损地回到了希腊。

据说攻破特洛伊时，墨涅拉准备按照脑中幻想过千万遍的画面，一剑杀死这个与人私奔的贱妇，但两人相见时，一阵轻风拂过，把海伦的上衣吹起，露出她美丽丰满的胸部。墨涅拉看到后欲火攻心，不能自已，于是又和她重归于好，恩爱如初。果然，长得好看就是没天理！

重新投入老公怀抱的海伦回到希腊后日子过得顺风顺水。在接待忒勒时，荷马告诉我们："她从一个香艳的高棚卧室里走出，侍女在她面前放了个豪华的座椅，在上面铺了柔软的羊毛坐垫，海伦才缓缓坐下。"荷马称赞她光芒四射，气场强大，有如手持金杖的天神忒弥斯。

看到突然到访的陌生少年，异性经验丰富的海伦毫不羞涩，从容地上下打量道："贵客为何看上去如此脸熟，像极了诡计多端的奥德？"墨涅拉也附和："没错，你眉眼间的表情与奥德神似。"与忒勒同行的少年庇西特拉图（Peisistratos）在旁证实了两人的猜测：忒勒确为奥德之子，还在襁褓中便由母亲独自抚养。一时间，墨涅拉和海伦惊叹不已。回忆跳到了那场耗时十年，让无数英雄竞折腰的特洛伊战争。

忒勒牵挂自己生死未卜的父亲，庇西特拉图则回忆起自己阵亡的弟弟，墨涅拉哀叹被杀害的哥哥孟农，海伦则偷偷想到自己的前任帕里斯。一时间，所有人都泪洒衣襟。

这时，海伦拿出一服“开心散”，放入酒中，据说可以让人忘记痛苦。这样的灵药不知她是否经常给自己的老公服用，以助两人恩爱如初。

待拭干眼泪，海伦追忆起奥德的智勇双全：“当年你父亲有一次巧扮成乞丐，只身一人到特洛伊城里搜集情报，后来被我领去沐浴更衣——海伦真熟女也——在与他近距离接触后，他的真实身份被我发现了。他极其凶蛮地逼我发誓不准对外泄露，其实我已经后悔来到特洛伊，一心只希望希腊人能大获全胜。”她的前任帕里斯听到这些话，估计要哭晕在厕所了。

这时，墨涅拉也回忆道：“我对奥德的出色才智印象深刻。当年攻城时，我们隐藏在木马里，特洛伊人对此浑然不知，拆了自己的城墙，将木马牵入城内。可是老婆大人您来了，模仿了好几位将领夫人的家乡口音，殷切呼唤她们的夫君，学得惟妙惟肖，让他们听了都忍不住想冲出去与外面的‘亲人’相认。还好奥德及时阻拦，才避免计划失败。”墨涅拉教科书式的打脸现场，表面上是夸赞奥德机智，但实际上毫不留情地揭穿了海伦。若真的“身在曹营心在汉”，为何又搞这一出试探自己人的戏码？

可以看出，经历了这么多大起大落，纵是破镜重圆，这其中也有不足为外人道的微妙。

荷马作为叙述者，从不对海伦加以任何粗暴的道德评判，他只是客观地描述，告诉我们在那个月明星稀的夜晚，阿特柔斯（Atreus）的儿子墨涅拉在雕梁画栋的里屋安寝，在他身边睡下的是女神海伦——一个在人群中熠熠发光的女子。既然人家的丈夫都选择了难得糊涂，那我们这些吃瓜群众也就无须再纠结了。

海伦的迷人之处绝不仅仅是她的倾国倾城之貌，更来自她对自己命运的勇敢追求。对这样一位厉害角色，古希腊人的态度十分豁达。公元前 5 世纪，一个名叫高尔吉亚（Gorgias）的修辞学家写了一篇《海伦颂》，把所有讨伐海伦的理由驳了个遍，从此名声大振，一炮而红。在我看来，《海伦颂》虽行文工整、辞藻华丽，但内容牵强附会，强词夺理。它的流传决计与希腊社会对海伦的喜爱和宽容分不开。

本来发动战争、调动人马、运筹帷幄的都是男人，非要把全部罪过推到海伦头上，不但牵强，还大有推卸责任之嫌。相比不幸的褒姒和杨贵妃被扣上了“美色误国”之名，自我放飞的海伦却被希腊人供在神坛，千方百计地保护，这巨大的差距让人感叹。

了结恩仇

1 伊萨卡的土地

接下来的第5~12章里，《奥德赛》的故事从忒勒转移到奥德身上。

在第13章，奥德在费阿刻斯人的协助下终于回到伊萨卡，但直到第24章，才与自己的父亲相认，这中间因何耽搁良久？

护送他回来的费阿刻斯人将熟睡着的奥德轻轻放在伊萨卡的沙滩上，便自行离去了。

奥德醒来的时候，起了大雾，一时不知身在何处。迫害症患者奥德的第一个念头便是费阿刻斯人欺骗了他——直到看到他们赠送的财宝完好无损地放在身边，才放下心。

这时，雅典娜出现了。她化身为一个牧童与奥德攀谈。奥德却与她扯东扯西，不肯透露身份。雅典娜哭笑不得："我是宙斯的女儿雅典娜，这么多年一直守护在你身边不离不弃，对你了如指掌，所以无须再骗我。现在你虽然登陆伊萨卡，但厄运还远远没有结束，你先把这些财宝藏起来，不让人知晓，我会让你看起来狼狈不堪，这样便没有人能认出你。面对各种挑衅，你必须学会忍辱负重，步步为营，等时机成熟再绝地反击。”

之前说过，奥德走后，府中迎来了108个求婚者，表面看上去热闹非凡，实际上却是暗流汹涌。有了孟农的前车之鉴，又有雅典娜的再三提醒，结果奥德明明离老婆、孩子、热炕头只有几步之遥，却不得不乔装打扮，隐姓埋名，但这可难不倒我们唱作俱佳的“影帝”。

他先鬼鬼祟祟地溜达到城外林子边的小屋，投靠了那里的一个过去的手下，一个负责养猪的仆人。

如果说费阿刻斯人是热情好客的海外标杆，这个养猪人就是伊萨卡的本土代表。

看到衣衫褴褛、身形猥琐的乞丐突然登门造访，老仆人不但没有任何嫌弃，还好吃好喝地招待他，并在言语之中透露出对那些前来闹事的求婚者的痛恨。

奥德听着心里乐开了花。

奥德虽放松了警惕，但不妨碍他继续吹牛，称自己为克里特人，是一户富贵人家的庶子，加入了特洛伊战争，在回来的路上丢失了全部财物。

与此同时，雅典娜将忒勒召回，让父子二人在林中小屋偷偷相认。

根据忒勒提供的情报，奥德制订了一个世纪版的复仇计划。

二人准备妥当后，第二天直奔府宅。奥德乔装为乞丐，忒勒则假装毫不知情。

一踏入久别重逢的家门，第一个识破奥德的竟然是忠犬阿尔戈斯。这条狗正趴在一堆臭屎上郁郁寡欢，突然看到失踪多年、衣衫褴褛的主人，立即欣喜若狂地竖起耳朵，拼命地摇动尾巴。不错，阿尔戈斯就是奥德以前亲自收养并训练的小奶狗，当年没来得及带它去打猎就出征特洛伊了。如今阿尔戈斯按狗龄已经成了老爷爷，还被求婚者们欺负虐待。奥德见到心爱的宠物如此苍老，忙转过头去，忍住眼泪。阿尔戈斯恐怕从没料到，失散二十年的主人会在今天悄然回归。它再次闻了闻奥德身上熟悉的气味，呼出最后一口气，满足地死去。至今我们还能在一些罗马壁画上看到阿尔戈斯的忠贞模样。

爱狗人士读到这里，肯定要流泪，为这只忠犬点赞。

大厅里一百多号求婚者正饮酒享乐。反正消耗的不是他们的物资，搞不好还可以娶到佩涅洛佩（Penelope，以下简称“佩涅”）并继承所有财产——这笔买卖无论如何都稳赚不赔。

奥德目睹这些人的丑态后，强忍一腔的怒火，继续扮演乞丐。他颤颤巍巍地走到大吃大喝的求婚者们跟前，轮番向每一个人乞讨食物。在《奥德赛》里，欺负弱势群体的人都没有好下场。这个“自作孽不可活”的机会自然有人不肯放过。贵族子弟中有个叫安提诺乌斯（Antinous）的王子，不肯向奥德施舍任何食物，并对他谩骂呵斥，末了还朝他扔凳子，眼看就要发生肢体冲突。

佩涅在楼上听到了动静，派侍女前来制止，并约这个乞丐上楼详谈。

从这里开始，我们的大女主佩涅就闪亮出场了。

2 不简单的女主人

求婚者已对佩涅苦苦纠缠了好长一段时间。他们白天大摆宴席，晚上举办综艺晚会，把奥德家弄成了一个快乐大本营。

一开始，佩涅声称自己先要为岳父织一件寿衣才同意改嫁。但她白天织，晚上拆，靠这个障眼法将那些追求者拒在门外长达三年之久。这对高智商的夫妻可谓旗鼓相当：让奥德走红的是特洛伊木马，让佩涅出名的则是织不完的寿衣。后来佩涅被身边的侍女出卖，追求者们得知真相后恼羞成怒，开始跟佩涅耍赖，逼她必须近日择人改嫁。

眼见家产要被消耗殆尽，忒勒的处境也四面楚歌，事情已到了山穷水尽的地步。端庄美丽的佩涅出现在众人面前，再一次惊艳了所有人。有个叫欧律玛科斯（Eurymachos）的小伙子惊叹道："还好我们这里比较偏僻，如果其他地方的人见到你的容貌，只怕还会来更多的求婚者。"

面对这些如狼似虎、志在必得的求婚者，佩涅没有丝毫胆怯惊慌，她缓缓说道："当年我丈夫离开的时候就这样叮嘱我，'夫人，此去特洛伊山高水远，且敌人骁勇善战、兵强马壮。在我看来，希腊人未必可以全身而退——我只能祈祷天神保佑我平安归来。我走后，家中的大小事务由你掌管，请务必念着我们夫妻之情，照顾好我的父母，抚养我们的儿子，待他长大成人后，若我还未归来，你大可改嫁……’如今看来，他当时的预言应该都不幸言中，我离改嫁之日真已不远。不论如何，我出身显赫，现在又是名门望族的夫人。你们既然口口声声要追求我，也需拿出诚恳的态度，送上些价值不菲的聘礼才是，而你们却成日在此白吃白喝，毫无风度。”

佩涅的一番话让追求者们感到胜利在望。但是一旁的“乞丐”奥德却知道，佩涅不是想从他们手中骗些财物，实际上她另有打算。不愧是高智商的夫妻，的确心有灵犀一点通。

我们说过，希腊人特别好面子，在大庭广众之下被美女一激，众公子哥当然要积极响应了：有人拿来一件镶有金色扣子的精致大衣，有人拿来一条如太阳般耀眼的项链，还有人拿来一副垂着三种不同玛瑙坠子的耳环。佩涅毫不客气地收下这些礼物，然后抛下众人，回到楼上的闺房里。大厅里则开始准备每晚必办的狂欢派对。趁此杂乱之际，奥德交代忒勒把所有武器偷偷移到储藏室内。

天黑后，父子二人先将外面掌灯的侍女关了起来，于是走廊里一片黑暗。这个时候，雅典娜现身，用一盏亮如白昼的金灯在前面为他们照明。忒勒小声惊叹：一定是有神灵暗中相助。一旁的奥德则非常淡定——什么样的女人你老爸没见过？——“不可妄言天神，我先去会会你母亲，明天再接再厉。”于是，奥德走向佩涅的闺房。

3 哪来的乞丐？

佩涅和奥德分开已经二十年了。

要知道，二十年来，这对伉俪“身经百战，倍受考验”：丈夫在外面屡屡“命犯桃花”，却心心念念想要回家；妻子在家面对众多求婚者，却总是推三阻四，不愿重梳婵鬓再嫁。

如今历尽苦难再次相见，是会惊慌失措还是抱头痛哭？都非也。两人上演了一出“你猜，你猜，你猜猜猜”的好戏。不愧是戏精夫妇。

一个侍女先看到奥德，她破口大骂：“你这穿着破烂的乞丐怎么还不走！白天来讨饭已经够让人嫌弃了，难道晚上还要在闺房这边晃荡，想占我们女眷的便宜吗？”

佩涅听到后忙斥退那个侍女，命人拿来一把椅子，上面铺上柔软的羊毛毯，请奥德坐下，然后开始仔细询问。

佩涅先上下打量了这个不速之客，问道：“贵客可否告知姓甚名谁？从何而来？是否还有家人？”

奥德却将话题转移：“夫人，请不要问我为何人家乡为何处，我不想在外人面前难过而失礼于您。但我却听说过夫人的大名，您的温婉贤良远近闻名。”

佩涅叹了口气：“在旁人口中品德出众又有何用？当初，在诸神的默许下，我的夫君被军舰载到特洛伊，从此杳无音讯，生死未卜。

如若他及时归来，尚能保住我的名节。但我现在身陷囹圄，虽有众多追求者，但他们不过是一群想霸占我家产的贪婪狂徒。我也曾试图拖延时间，但身边不少侍女投入求婚者的怀抱，并告发了我白天织寿衣晚上拆掉的计谋。奥德走后，我沉浸在对他的思念中，无心再婚，但如今父母向我施压，儿子身处险境，让我举步维艰。远方来的客人，请体会我有多难，告诉我您从何而来，是否有我丈夫的消息？”

“夫人所言让人敬佩，在下自当知无不言，言无不尽。”奥德嘴上这么说，但接下来又开始忽悠了，“我来自克里特，实不相瞒，当年我见过您的夫君。他和他的伙伴们因海上刮起狂风，一路被吹到了我们的岛上。为尽地主之谊，我们用好酒和美食款待了他们十二天，直到风暴平息。”

在荷马的叙述中，奥德撒起谎来面不改色。佩涅听后泪如雨下，但她没有让感情埋没理智，故作云淡风轻地问道：“尊敬的客人，您能告诉我他那天穿的是什么吗？”

“既然您问了，让我好好回忆一下……当时天气寒冷，他外面穿了件羊毛披风，上面夹着一只双头的金别针，上面雕刻着一只小狗和一只被追逐的小鹿，披风里面是一件精致的长衫，特别柔软明丽，见过的人无不赞美他那身打扮。”

“天哪，那是我亲自为他准备的服饰，那只别针是他出征时我亲自帮他戴上的，可如今他再也回不来了。”

“夫人，您不必悲伤，我有一个惊天的消息。在来此地的路上，我听闻您的夫君正在返乡途中，如若不出意外，这个月内就会回到伊萨卡。此事千真万确，如若有假，我不得好死。”

针对这个“乞丐”说的唯一一句真话，佩涅却表示不信：“您在刻意安慰我，我的第六感告诉我他不会回来了，我们夫妻注定要到下面的九重地再见。无论如何，当年您收留了我丈夫，就是我的恩人，让寒舍上下好好款待你。这样吧，睡觉之前，我叫用人来帮你洗个脚，以表心意。”

奥德急忙推辞：“我乃一落魄之人，怎能受此优待。况且那些侍女已经对我十分嫌弃，怎敢使唤她们。”但他转念一想，又松了口，“但夫人执意如此，或许可找个年纪稍大、做事稳重且不鄙视我的老仆人。”

他提这个建议是有心机的。府中老人不多，指派来帮他洗脚的就是他的奶妈。奥德年幼时脚上留下了一个特殊的伤疤，洗脚时一看到这个独特的伤疤，奶妈立刻认出了他。

眼见奶妈要惊呼出声，奥德立马捂住她的嘴巴。此时，雅典娜在门外放哨，让主仆二人可以放心相认。奶妈成了忒勒之后知道陌生乞丐真实身份的第二人。

正式就寝前，佩涅又向奥德询问近日做的一个奇怪的梦。梦里她看到院子里有 20 只惹人怜爱的白鹅正在开心地玩耍。突然一只凶悍的老鹰从天上俯冲而下，将那些鹅的脖子咬断。她和侍女见此情形忍不住哭了起来，但那只老鹰却开口称是她的丈夫奥德，并骂那些鹅是卑鄙的求婚者。

“尊贵的客人，您见多识广，能否帮我解一解此梦？”

“夫人，此梦正好证明我之前所言非虚。如老鹰所说，奥德近日就会回来，亲自除掉那些来闹事的求婚者，让他们获得应有的报应。”

佩涅却摇摇头，表示不信："梦中之景真假难辨。据说世上有两扇门，一扇兽角门，另一扇象牙门。兽角门中出现的意境真实可靠，象牙门内出现的画面全是虚幻，永远不会实现。奈何我的梦源自后者：这大概就是命运吧。明天我会为求婚者举办一场射箭大会，拔得头筹的冠军可以把我娶走。"

阔别二十年，奥德夫妇再次重逢后没有甜蜜地撒狗粮，而是贡献了一段谜一样的对话。佩涅所说的两扇门成了西方文学里的一个梗，凡是提到难以琢磨的玄幻真相时都会引用。

4 / 谁都逃不掉

第二天，招亲大会正式开始。

两个男仆将奥德以前用过的大弓抬了出来，同时也有些伤感，因为他们知道，夫人将在今天择人改嫁。

神奇的是，身强力壮的求婚者们费尽全力，也无人能够彻底拉动这张大弓。

这时，伪装成乞丐的奥德表示愿意一试。这个请求把求婚者们气疯了。佩涅却执意要让他试一下，两边僵持不下。忒勒请他的母亲先退回内室，然后以少主人的身份将大弓递给衣衫褴褛的"神秘人"。

奥德轻轻松松地就把弓拉开，然后一箭射中了靶心。

这时，天神宙斯在万里晴空震响一声雷鸣，表示祝贺。

求婚者们一看傻了眼，但准备已久的好戏才刚刚拉开帷幕。

接着，奥德拉满大弓，突然掉转方向，对准了最嚣张的求婚者安提诺乌斯，然后一箭将其毙命。

旁边的吃瓜群众吓得目瞪口呆——说好的世纪大婚礼怎么秒变人间修罗场？

一个比较机灵的求婚者马上开始求情：“勇士，你已经把对你最傲慢无理的人杀了，应该解气了，那就放过我们吧？”

想什么呢？既然亲自送上人头，奥德二话不说，冷笑着一箭把他也杀了。众人一看这个阵势，一场恶战在所难免。忒勒飞奔到储藏室，为自己和父亲去取武器，途中遇到一个之前曾羞辱过奥德的牧羊人，想偷武器给世家子弟。忒勒立即将他抓起来，关进了小黑屋。

再回去时，外面已经杀红了眼，奥德这边人数少，但还好及时拿到了利器。混乱之中，神助攻雅典娜在房顶现身。仰面望去，只见一道金光在梁上停留。求婚者们见天神出面，立刻心虚胆战、意志动摇。奥德则越战越勇，手中的宝剑挥舞起来有如蛟龙入海，似猛虎下山。

在仿佛世纪般漫长的一个时辰里，这些仇人被杀得干干净净，一个都不剩……唯一躲过这场浩劫的只有两个人，他们被忒勒保了下来：一个是吟唱艺人，另一个是跑腿的送信者。

奥德虽然身负血海深仇，但让岛上众多名门之后在毫无准备的情况下当场毙命，其手段之凌厉令人咂舌。

除去外患之后便是以雷霆手段解决内忧。奥德唤出被指认与求婚者们私通的十二个侍女，命她们清理尸体后，便将她们活活吊死。此处决方法不但残忍，还极尽羞辱之能事。

被关在小黑屋的牧羊人自然不能幸免，被割下鼻子和耳朵喂狗后受尽折磨而死。

至此，这场无比血腥的屠杀才落下帷幕。或许有人会为奥德的以牙还牙拍手叫好，但毕竟人命关天，无论求婚者们如何邪恶，对他们的惩治也需要经过正规程序，而不是如奥德般，跳过集体的仲裁和调解，滥用私刑。个人复仇或许能带来暂时的痛快，但却贻害无穷，正义的大范围修复和长期扎根唯有通过艰难的对话与和解。

尤其让人不安的是对那十二个侍女所用的极刑。在伊萨卡的男权社会里，她们本就地位低下，难以抗拒求婚者们的威逼利诱，一旦失足，又被视为失去价值的物品，令主人蒙羞。很能说明问题的是这十二人在诗中连名字都没有，可见历史上往往最需关注的群体却最容易被一笔带过。

5 ╱ 最后的相认

待一切后事处理妥当后，奶妈欢天喜地地跑上二楼，将佩涅推醒——这古代房屋的隔音效果可太强了，楼下人死了一片，楼上还能酣然大睡。“醒醒，夫人，快醒醒，老爷回来了，他现在就在大厅，刚把那些求婚者全都杀死。”

好梦被打断的佩涅犯了起床气，怒呵道：“奶娘，你是疯了还是故意想要勾起我的伤心事？近日我心神不宁，无法安睡，今晚好不容易刚睡着，却又被你吵醒。如果不是看你一把年纪，我一定要将你赶到街上去！”

奶妈委屈地辩解道：“那个衣衫褴褛的乞丐真的是主人！您的夫君回来了！如一只骄傲的雄狮般杀死了所有欺负您的无耻小人！我给他洗脚的时候见到了他脚上的伤疤！他确实是奥德！”

佩涅沉思了片刻：“好吧，亲爱的奶娘，也许是天庭上的哪位神灵终于看够了这些人的丑陋嘴脸，下凡来主持公道也未可知。虽然你说得活灵活现，我还是要亲眼一见再做定夺。”

佩涅走下楼来，一路上心狂跳不止，满心踌躇是该继续试探这个人，还是直接走上前拥抱他。踏入鸦雀无声的大厅后，她盯着那个乞丐慢慢坐下，也不开口。

一旁的忒勒心急不已：“母亲，您的心难道是石头做的？父亲在外时，您终日思念他，现在他历经艰辛回来了，您为何一言不发？”佩涅不急不缓地答道：“孩子，若真是你父亲，我自然是喜不自胜。但这一切太突然了，或许眼前这位先生有办法证明他的身份。”

奥德笑了，果然是自己的老婆，永远不忘试探别人。

他先让仆人们去准备晚上的宴会，对外宣称是为庆祝佩涅再婚，以掩人耳目。

到了晚上，两人都精心打扮了一番。此时的奥德看上去格外俊朗，他坐在椅子上，心里暗自得意，认为妻子这下一定会认出帅气十足的自己。不料佩涅让奶妈带奥德去屋外歇息，并吩咐道：“外面的那张床是老爷当年亲手打造的。”

奥德听到这话暴跳如雷：“你居然还不信我！这里原先有棵一千年的橄榄树，当年我亲手将它的根基打造成一张精美的大床，并围绕着它建造了我们的卧室，别说是人，就连神也不可能将它挪到外面！”

提起这树床的秘密，佩涅才确认眼前的人是自己失散已久的丈夫。

6 背后的真相

佩涅一路的固执让人困惑，毕竟，显示奥德归来的征兆已层出不穷。

比如第 17 章，忒勒打探完消息，在回家的路上遇到一个被仇人追杀而寻求庇护的公子，忒勒自然是按照“森雅”之道好好收留。这位落难公子有些神神道道，自称精通占卜算卦，还能窥探天相，他信誓旦旦地告诉佩涅，她的丈夫正在归途中，并预谋着复仇大业。

到了第 19 章，奥德假扮乞丐，透露自己将要归来的实话，佩涅坚决不信，还用离奇的梦境混淆视听。

佩涅是否真的如此迟钝，一直认不出自己的丈夫？

这两人在第 17 章 508 行就照面了，但到了第 23 章 205 行才相认。

有学者认为其中大有猫腻：佩涅其实在接见乞丐并让奶妈给他洗脚时就已知道真相，只因身边布满了求婚者们的眼线，只能假装不知，而她说的不着边际的梦话，实际上是在向奥德暗示自己已将他认出。

这个看法对人物的解读影响不大，无非突出了佩涅的隐忍谨慎。

但也有人猜测，聪明如她，并非无法相认，而是不愿相认。这样一来，事情就变得十分有趣了。

对佩涅诸如此类的揣测与女权意识的觉醒有千丝万缕的联系。从12世纪开始到20世纪初，佩涅代表的都是忠于婚姻的女性楷模。在男权社会里，妻子理应对丈夫三从四德，无怨无悔。比如中国戏曲里的王宝钏，贵为宰相之女的她下嫁薛平贵后，因丈夫入伍出征苦守寒窑十八年。后来薛平贵攀上代战公主的高枝，一路青云直上，留给王宝钏的却是恶意试探和平妻的“美谈”。

但从女性的角度思考，佩涅一定是矛盾的。一方面，她对奥德有爱，所以不断问询，不曾放弃，但另一方面，毕竟分开了二十年，新婚的甜蜜在独自苦苦支撑的日日夜夜里一点点耗损，人的感情毕竟不是说扔就扔，说捡就捡，眼前这个人还是我梦中的少年英雄吗？想当年，别人都沉迷于表妹海伦的美貌，他却独爱我的聪慧。而我还是那个痴情少女吗？多少女人会被他蒙骗，而我偏偏能看透他的心思。这份备受考验的感情是更醇厚还是早已腐坏？正所谓近乡情更怯，敏锐细腻如佩涅怎会不多思多想？

近几年，有人写了一部关于佩涅的现代话剧，突出女主复杂的感情，比如愤怒、委屈、怀疑。想想也是，丈夫新婚后便奔赴战场，整整二十年杳无音讯。剩下她一个人苦苦支撑偌大的家族，照顾公婆，抚养稚子，还要应付络绎不绝的追求者，这当中饱含了多少辛酸和无奈？任谁又怎么可能毫无怨言？

不论心路历程如何曲折，猜疑女王佩涅和谎言大师奥德最终还是团圆了。

他们睡在由橄榄树打造的床上，慢慢交流这二十年来发生的点点滴滴。我们只能猜测奥德是否会向佩涅坦白他旅途中的种种艳遇：就算奥德避重就轻，含糊其词，佩涅恐怕也能猜到一二。人世间有种感情，烧退了刚烈和纯粹，最后却因为“懂得”人性的软弱和疏忽而慈悲，硬生生在玻璃碴里开出惨烈的花。这两人躺在一起时，最庆幸的恐怕是彼此都还活着，兜兜转转这么多年，竟还能听到对方的心跳。

最后，奥德与隐居乡间的父亲相认，雅典娜摆平了被杀害的求婚者的家属们，从此伊萨卡“天下太平”。可怜那一百多条人命就这样呜呼哀哉了。

《伊利亚特》以悲剧收场，遗留下很多问题，《奥德赛》有一个完美的大结局，但歌颂的是复仇和暴力，并借此巩固了父权，让人更加不安。带着这些还未解决的争议，经历了黑暗时代的蓄势待发，古希腊社会迫不及待地跨入了古风时代，并迎来了崭新的格局：城邦的崛起。

CHAPTER 4

历史的开启

第 4 章

古风时代

1 ／ 伟大的革命

充满传奇的“黑暗”时代已成过去，接下来的公元前700—前480年被史学家称为“古风时代”：希腊人的故事从此正式从神话走向历史。

古风研究近年来在学术圈十分火爆。有学者指出，古希腊在这两个世纪里经历了天翻地覆的变化，借此一举登上了文明的巅峰。

如前文所说，古风时代前期刮起了强烈的“东方风”：希腊人一方面大量吸取海外工艺的精髓，另一方面在审美上保留了自我特色。总体风格又潮又酷，是最炫民族风和霸气国际范的完美结合。

与此同时，政治和经济的巨大变革丝毫不逊色于文化上的绚丽多彩。

这个转变有如村里原来只住着十多个文盲，大家平时打猎放羊，没事儿跟大神聊聊天，裸体练练功，炫一下英雄事迹，日子简单又朴实。由于没有执行计划生育政策，过了些日子，儿子多的家庭开始农地不够分配，迫使一部分无产少年不得不迁居国外。在这股移民大潮下，希腊人打通了航道，开拓了海上贸易，开阔了国际视野。人口增加拉动了内部发展，随之而来的是城镇化率大幅提高，市政建设日趋完善。生活条件改善后，文人墨客更加意气风发，时不时聚众而歌，指点群雄。在史学家眼里，希腊经历了巨大变革，建立了影响后世的典范。因此，这场“文化再生”又被称为伟大的古风革命。

这个评价十分中肯：古风时代的希腊不但在经济、外交和文化领域交出了傲人的成绩单，同时也在科学、思想和政治上完成了质的飞跃。比如在公元前7世纪，位于爱琴海以东、地处小亚细亚的伊奥尼亚地区就孕育了一大批科学家和哲学家。这些先驱者不再从宗教里寻找自然现象的解释，而是靠观察和论证来推演宇宙万物的原理，为日后西方理性思维铺垫了基石。

2 ╱ 城邦的崛起

在这个充满活力的年代，最惹人注目的是一种新政治单元的崛起：城邦（city-state）。城邦是什么概念？从外在形态来说，它是一个囊括乡间领土和市政建筑的城市，城邦的中心一般是一个名叫“卫城”的高坡或山丘，聚集着各种公共空间，比如接受朝拜和祭奠的神庙，市民聚众议事和进行交易的市政广场（Agora），官员开会所用的议事厅（Bouleterion）等。与此同时，卫城有一个围有二度城墙的堡垒，一旦遭遇敌人围攻，可供全城居民避难。

有学者考证，史料中记载的希腊城邦有1500多个，其中最大的雅典在巅峰时期人口将近30万。虽然这个数字远远不及现在的都市规模，但城邦的意义不在于居民数量，也无关城市设施的完善与否，它所代表的是一种前所未有的公民意识：一个以打造平等、互助和自由为目标的共同体。

这个理想在古希腊历史中不幸遭遇了巨大的矛盾和背叛，比如奴隶制的存在、对妇女与外邦人的压迫。尽管如此，作为社会体制的城邦依然非常重要，如果能够真正了解其背后的一套理念，就会对西方政治体系的由来有更深刻的认知。

史料里详细记载的城邦只有两个：雅典和斯巴达。

它们在哪里呢？

如果把希腊本土拦腰切成三块，中间的区域叫阿提卡（Attica）半岛，下面就是伯罗奔尼撒（Peloponnese）半岛，雅典的领土包含了大部分阿提卡的平原。

斯巴达则位于伯罗奔尼撒半岛东南部的拉科尼亚（Laconia）地区。

别看这两地相隔不远，开车也就两个多小时，可作为古希腊城邦发展的缩影，它们的画风可有天壤之别。

雅典的民主

1 严厉的德拉古

公元前 7 世纪，雅典人口极速增长，社会正经历转型，大量自耕农因受到市场经济的冲击而陷入债务危机，贫富差距扩大，导致了“朱门酒肉臭，路有冻死骨”。

雅典的统治阶级对底层百姓的遭遇非但不闻不问，反而放任他们被剥削欺诈，因而民怨沸腾，纷争四起。为了稳定局势，当权者不得不推出一系列变法和改革。

第一个出场的人叫德拉古（Draco）。

当时雅典的法律有一个很大的弊端——条文仅靠口头传播，没有明确的文字记录。为此，法官在审案时徇私枉法，与有钱人沆瀣一气，诓骗穷人的事件屡见不鲜。民众要求将法律条文规范化，并刻在广场的木板上以正视听。这项修订法律的重要任务被委托给一个叫德拉古的人。

不幸的是，德拉古是个偏执的施虐狂，信奉“猛药去疴，重典治乱”。他为雅典制定了一套毫无公平可言的法律。比如当平民欠了贵族钱财而无法偿还时，举家都会沦为奴隶，反之，则没这么重的刑罚。然而，最让后世诟病的是这套法律的严苛程度：偷一棵白菜都是死罪。有人问德拉古，为什么如此小错大惩？答案是他还没想出更重的刑罚来惩处其他更大的罪行。德拉古对石邑深涧的领悟只怕连修订《大明律》的朱元璋也望尘莫及。

下猛药容易，但追究为什么那么多人会不顾风险地触犯法律却非易事。严刑峻法只能把问题暂时压制下去，但无法杜绝其滋生的根源。大家看看朱元璋是如何惩治贪官就可见一斑：尽管出现剥皮实草这样的极端事件，但明朝的腐败之风却未有大改善。

德拉古不久便被赶下了台。他移居到隔壁的埃伊纳岛。那里的人听说法律居然可以明文操作，纷纷拍案叫绝。有一次，德拉古在戏院里看戏时被认出，观众兴奋地向他扔帽子和大衣致敬，因为当时人太多，竟把他当场砸死了——至少后世的一本史书里是这样记载的。这隐藏的寓意对德拉古到底是褒是贬，大家可以琢磨一下，反正那些因为偷白菜被处死的人在九泉之下可以偷笑了。

所幸，接手这个烂摊子的人比较靠谱——他就是梭伦（Solon），贵族出身，被后人称作“雅典民主之父”。

伊利亞特

斯巴达
雅典

波斯帝国
黑海
地中海
OXI
埃及
阿拉伯
红海

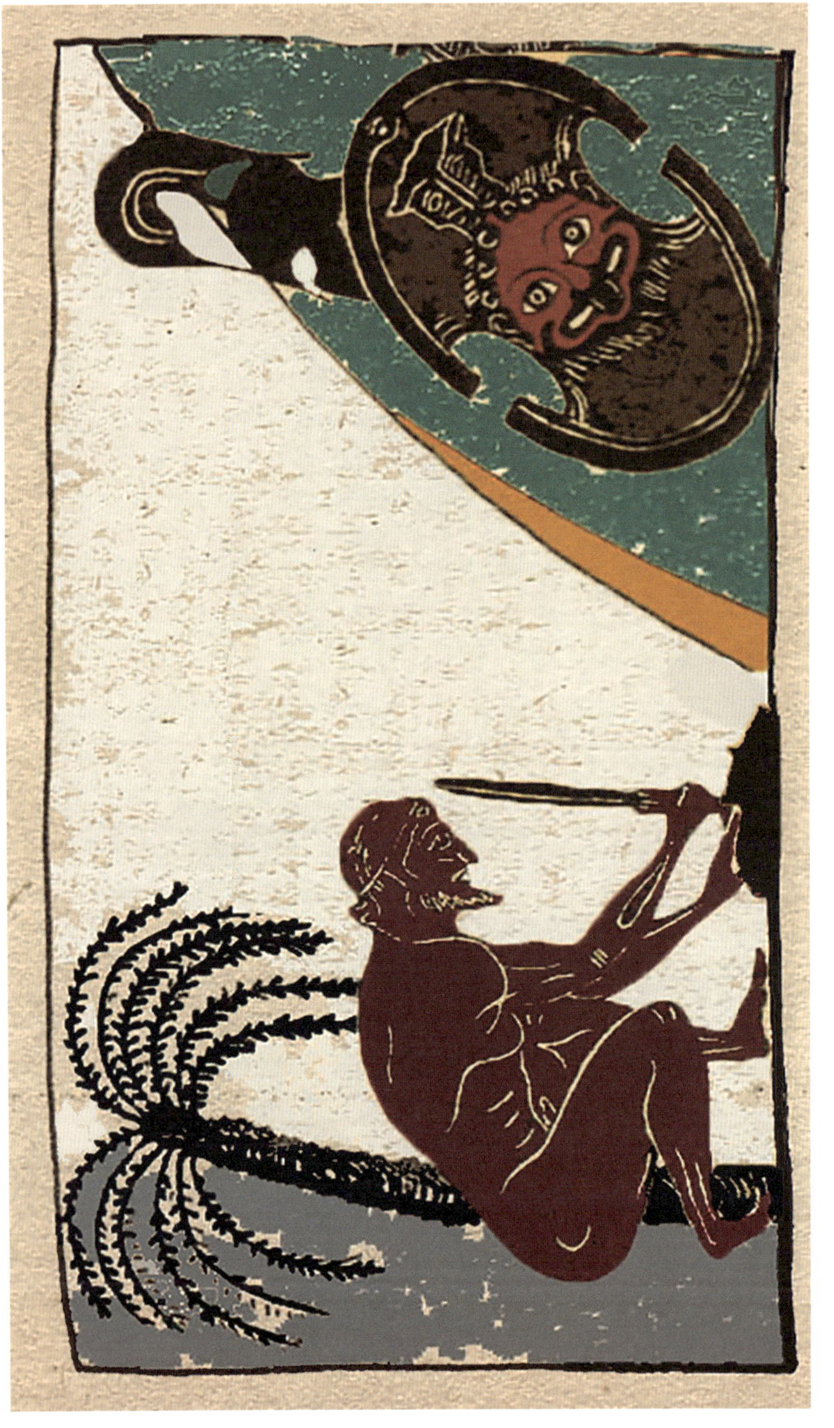

2 还好有梭伦

公元前 594 年，梭伦被选为雅典的首席执政官，随即推出一系列新政来解决迫在眉睫的社会危机。这套政改方案被雅典人称为“摆脱囚链”，内容包括：

⊙ 禁止因债务将雅典公民变为奴隶，将以前因无力还债而被卖到异邦为奴的人全部赎身，并接回雅典。

⊙ 将部分大户地主霸占的土地重新归还给小农。

⊙ 禁止出口农产品，保障国内粮食供应，橄榄油和葡萄酒除外。

⊙ 鼓励手工艺者和工匠来雅典创业和定居。

梭伦在政治方面的改革更为突出，其中最让后人称赞的是他敞开了公民大会的大门，允许所有年满 18 岁的公民参加，并由雅典四大部落各提供 100 人，组成 400 人的政务会（boule），负责准备大会的各项议题。这些改革让原先半封闭的贵族议会演变成开放的全民组织。这个机构可不是个光走走形式，摆摆 pose（姿势）的橡皮图章，而是实实在在的权力中心。它掌控的范围包括军事和外交的走向、法律的修订和通过、官员的选拔和罢斥、财政的分配和管理等，在公元前 594 年后还获得了审判部分案件的司法权，其职能在不久的将来还会不断增加。这些事务在中国古代只有皇帝和少数大臣可以触碰，但在公元前 6 世纪的雅典，年满 18 岁的公民就可参与这些与自己生活息息相关的讨论和决策。在梭伦放了这一大招后，雅典走向民主的潮流便一发不可收拾。

在官员的选拔上，梭伦的做法还是趋于保守。为了改变贵族专政的局面，梭伦按财产把公民分为四个级别，最高两个等级里的成员可以担任政府要职。这个方法比过去只注重家庭背景要好一些，但还是有违民主精神，在不久的将来会被更激进的政改淘汰。

可惜的是，即使开明如梭伦，也难逃历史局限性。他的新法同时也限制了女性的财产继承和活动范围，因此进一步巩固了父权，加深了“男尊女卑”的不平等。妇女地位的大幅度改善，还要再等漫长的 2500 余年。

梭伦不但在治国方面有雄才伟略，在作诗方面也很有造诣。这点可要让中国的文人羡慕死。中国古代才华横溢的士大夫层出不穷，但真正能实践政治理想的却屈指可数。这个窘境从屈原就开始了，一路到李白、杜甫、苏东坡，都无一例外地怀才不遇，受人排挤。看多了想不得抑郁症都难。而雅典却轻而易举地满足了中国人“文以载道”“诗人治天下”的理想。

梭伦在雅典推行新法时被各方拉拢，穷人将他看成自己的救星，想彻底分配土地和财富；而富人则视他为自己的一员，希望他能维护上层阶级的特权。两边都巴不得他夺权篡位，好从中获利。

所幸梭伦很有骨气，坚决表示不偏袒任何一方，也不当独裁者。为了让自己的新法固若金汤，不被各派游说，他选择了云游四海。知进退，不恋权，肯腾出位子，梭伦的“急流勇退”与他的变法同样意义重大。还好，当时出国没有护照一说，打了包就能走人，地中海可是个风景如画、气候宜人的好地方：民主之父绝对有资格好好享受一个长假。

梭伦走后，尽管没人敢动他的新法，但局面依然动荡不安。

公元前6世纪70年代，雅典出现了三个贵族党派，彼此斗得不亦乐乎。

但在古希腊，什么样的人算是贵族？这点需要具体说明。古风时代的贵族一般是指家境殷实、有海外关系、出身名门的子弟，他们自称是天神或英雄的后人。

这批人作为一个阶层，在城邦的早期阶段扮演着领导者的角色，他们的统治被称为寡头政权（oligarchy），即少数精英执政。

尽管如此，豪门之间的相互竞争、监督和制衡异常激烈，这个阶级也一直没能建立起属于自己的税收机制和军队。因此与其他国家的执政者相比，古希腊的贵族未免又穷又弱，平时只能靠写诗、喝酒、裸身锻炼来秀一下自己卓越的品位和审美，然后意淫一下自己超群绝伦的地位。

3 / 僭主庇西特拉图

所谓"天下大事，分久必合，合久必分"，一个新人登上了历史舞台，他将作为雅典著名的僭主终结这三派的内斗，他就是庇西特拉图（Peisistratus）。

首先要聊聊僭主（tyrant）这个头衔，它指的是一种不合常规、超出正常权力范围的个人独裁（tyranny）。“僭”这个字很好地包含了逾越和违宪的意思。对民主派而言，城邦由公民组成，而公民天生享有平等的参政权。当政府由一人或少数人掌控而成为僭主和寡头政权时，则严重违背常理。基于这个强大的政治背景，希腊古风时代的僭主需要和中国的封建皇帝、罗马的帝国君王和近代国家的独裁者区分，因为这个称号形容的并非高高在上、为所欲为的掌权者。相反，僭主若想在权力斗争中胜出，必须拉拢民众，依靠他们的力量削弱贵族的势力，所以一开始就底气不足。

这一点在庇西特拉图身上得到了充分的体现。

滋生了夺权之念后，庇西特拉图做的第一件事就是哄雅典人民开心。好在庇西特拉图不缺钱，可以不计成本地收买人心。他把一个非常大的私人花园像公园一样对外开放，人们可以坐在树下乘凉，孩子们可以采摘花果；穷人生病，庇西特拉图会叫人煮一些鸡汤、鱼汤、蹄髈汤（这里是比喻），殷勤地给他们送去；夏天，他会送雪糕、冰激凌、盐汽水（这里也是比喻）给老弱病残；穷人和流浪汉不幸过世，他会出资妥善安葬。这些乐善好施的举动让他逐渐美名远扬。

这还不算，当时雅典与附近的一个城邦迈加拉（Megara）交恶——希腊人属于无战不欢的群体——庇西特拉图夺回了被迈加拉人占领的撒拉米岛（Salamis），从此名声大噪，吸粉无数。

他的时机到了。

4 ╱ 事 不 过 三

一天，庇西特拉图出现在雅典集会中心的大会场。他招呼众人前来，一把眼泪一把鼻涕地哭诉："我的政敌对我恨之入骨，巴不得我早点死掉。只因我一心为民众谋福利，影响到了他们的利益！你们看看，这就是他们对我所施的暴行！"他一边说一边展示自己身上鲜血淋漓的伤口：估计他的化妆技术不错，那些提前伪装的伤痕瞒过了众人。最后庇西特拉图提出请求，要雅典人为他提供安全保护。

精心营造的人设在此时起了作用，善良的人民立即同意了他的请求。

接下来的事情十分简单，庇西特拉图带领雅典分配给他的私人保镖占领了卫城，然后成功篡位。梭伦曾告诫人们要提防庇西特拉图的狼子野心，雅典人却充耳不闻。这下好了，辛辛苦苦建立起来的民主小苗就这样被轻易摧毁了。回到雅典后看到这一幕的梭伦，没多久就郁郁而终。

雅典的僭主这么容易当上？

要知道当时的城邦没有职业警察和军队，完全不同于中国古代。虽说中国的传统社会讲的是忠孝仁义，爱民如子，但天子背后却始终养一批私人的刑罚人员和武力机构，不听话就马上刀刃相对，家法、国法上身。只有绕过这些暴力执行者或将他们收入囊中，才能坐拥天下。

雅典的风格则是各派系天天吵架，有时也会拳脚相向，祭拜的也是一些不三不四的神灵，但在平等公民所组成的城邦中，没有暴力机构长期生存的空间。雅典的执政者没有御前侍卫、金瓜武士、御林军、慎刑司，连容嬷嬷这种专门扇耳光的人也缺乏。保护城邦的重装步兵是一支由自耕农组成的业余队伍，遵奉的是平等互助的原则，而非对上级的无限服从——何况也没有任何"上级"可以肆无忌惮地向他人发号施令。

没有武力机构的羁绊，庇西特拉图靠几个保镖、强大的民意，以及与贵族的和解，一下子登上了雅典的权力宝座。

其实庇西特拉图也十分不易，为当上僭主费尽心机，数十年如一日地讨好民众。可刚上岗没几天，雅典人看他不顺眼，又把他踢走了。雅典人的任性可是世界无敌——庇西特拉图到底是君临天下，还是伺候祖宗，还真不好说。到了后期的民主时期，舆论更是有意忽略大众一度对庇西特拉图的喜爱，把这个打压贵族、扶持平民的僭主骂得狗血淋头。从这些方面可以看出，雅典民众的自我意识一直很强，即使遭遇僭主，也没有完全唯唯诺诺，听之任之。

庇西特拉图深得奥德的真传，练就了浑身是戏的本事（奥斯卡小金人应该给一个）。苦肉计上演过了，下次携一个神幻剧卷土重来。

他前往农村，找到了一个高挑的美丽女子。古希腊的生活条件远没有现在优渥，人们普遍身材矮小，但这个女子竟有两米多高，在当时非常罕见。庇西特拉图让她身穿盔甲，站在豪华的战车上，摆出一个最仙女的pose，在大队人马的簇拥下驶入雅典。庇西特拉图向大家宣布，这就是女神雅典娜。然后让人去四处传播，以至于每个村子都听说雅典娜下凡指引庇西特拉图来造福天下。

你猜民众的反应是什么？竟然是欢迎，欢迎，热烈欢迎！

这段历史让历史学家很头疼，难道雅典人的智商这么低？难道希腊的权谋水准这么低？归根结底，对一般民众而言，庇西特拉图的种种所作所为不过是贵族争权的手段而已，只要他肯为人民造福，何乐而不为？

可谁又料到，庇西特拉图的僭主之位没过多久又凉凉了。

希罗多德说，此次庇西特拉图能顺利杀回雅典，重登王位，除了上演口碑爆棚的神幻剧外，还与三大派系之一的首领联姻，娶了他的女儿为妻。虽然已经结盟，但庇西特拉图并不信任自己的丈人。为了防止与这家人有后代，他用了一个“极不自然的方法”行夫妻之事。

妻子一开始也不明所以——论生理常识的重要性——但在回娘家探亲的时候把闺房的一些细节透露给了母亲，庇西特拉图的丈母娘又将它告诉了自己的丈夫。此首领听后勃然大怒，联合各方势力赶走了庇西特拉图。更神奇的是，东窗事发后，发现自己被利用的僭主夫人对庇西特拉图依然不离不弃，一路追随，还为此与父亲决裂。

5 / 规规矩矩的统治者

庇西特拉图真正开始稳定的僭主生涯是在公元前 546 年。

这一次，他编制了一个粗鲁的武打剧：直接在外面找了一批雇佣军，一鼓作气，攻下了雅典卫城。民众一开始不理他，后来虚张声势地组成了一个临时军队，装模作样地打了两下。到了中午太阳当空时，大家开始吃饭，打盹儿，结果庇西特拉图出面，三言两语就劝他们都回家了。

雅典人，你们能不能走点心？但这种半拒半迎的态度恐怕也是出于对庇西特拉图的深刻了解，确晓此人并无大害。

谁能料到，三次夺权、戏精附身的庇西特拉图在雅典人民的监督下，成了世上最开明有为的君主。他的主要政绩有：

⊙ 促进经济，为缺乏资金的贫苦农民提供土地、农具和种子。同时发展高端手工产业，引进能工巧匠，促进贸易出口。确保所有搞实业、靠一己之力吃饭的人劳有所得，让他们免受商贾和官僚的欺诈和剥削。

⊙ 礼贤下士，尊重公民大会的决定，接纳不同政见者，与其他社会群体分享权力，让政敌无话可说。

⊙ 克己守法，完善司法系统，派法官去偏远乡间审查案件，保障下层人民的话语权。

⊙ 发展文化，大力修建公共建筑，资助艺术项目，丰富群众的精神生活。《荷马史诗》就是庇西特拉图下令整理成文字的。

⊙ 注重和平稳定。在庇西特拉图统治的 20 年间，雅典没有发动任何武力侵略。怀柔的外交策略让民众得以安居乐业，休养生息。

因为这些成就，庇西特拉图深受爱戴。当初拼了三次才登上僭主之位的他得以在雅典寿终正寝，笑到最后。

后世的亚里士多德说庇西特拉图的所作所为更像一个身居要位、心系天下的首席公民，而不是一个狂妄自私、为所欲为的独裁者。

可惜权力交替是个人统治的软肋。庇西特拉图的几个儿子比较糟心，老大希庇亚斯（Hippias）继承了王位，老二有断袖之癖，这在古希腊本来也没什么，可偏偏老二是个小心眼，被暗恋对象拒绝后便怀恨在心，试图报复。可对方也是个狠角色，发现他的阴谋后便决意刺杀庇西特拉图一家。尽管只弄死了弟弟，但希庇亚斯深受刺激，从此疑神疑鬼，排除异己，引起雅典人的极度不满，不但很快就消耗掉老爸庇西特拉图辛苦积累的政治资本，还落下了一身骂名。失去民众支持的僭主之位摇摇欲坠。公元前 510 年，在斯巴达的帮助下，希庇亚斯被雅典人轻而易举地拉下马。从此，雅典再无个人统治，而庇西特拉图一家也被彻底黑化，与独裁暴君画上了等号。

6 ╱ 人民的作为

希庇亚斯被赶走后，新一任的领袖一上台就大刀阔斧地推动民主政改，他就是公民大会推举出来的首席执政官克里斯提尼（Cleisthenes）。

这颗政治新星的背景有点吓人，他出生于显赫的阿尔克马埃翁家族（Alcmaeonids），父亲是将女儿嫁给庇西特拉图的贵族大佬，爷爷在公元前 7 世纪凭一己之力将一名篡权者杀死（后来全家为此受到了诅咒），侄子伯里克利将在他之后呼风唤雨，开创一代盛世。可能大家看出来了，在雅典，致力于为人民服务的活雷锋都是贵族阶级，兜来转去都来自几个名门望族。

公元前 510 年，克里斯提尼联合家族势力和斯巴达军队，将第二任僭主希庇亚斯驱除出境，彻底结束了雅典的个人独裁。

两年后，他又与雅典民众一起，制伏了企图解散政务会的政敌和驻扎在雅典的斯巴达士兵。

到公元前 508 年，所有的阻碍都被清除，克里斯提尼终于可以放手施展他心中酝酿多时的民主宏图，而他也绝没有辜负这百年一遇的良机。

克里斯提尼上台后的第一步就是打乱原来三大派系的领地，将它们各自分解成 10 个新的城区，然后从这三个领地里分出一个新区，重新合并成 10 个名叫“部落”的行政单位。每个部落接着又划分成 3 个“城镇”（trittys），每个城镇再进一步划分成 5 个“村落”（demos）。如此这般，整个所属雅典的阿提卡地区最终被分解成 150 多个小单元。这组烦琐、累赘的行政改革究竟意欲何为？一方面，新的规划有效打乱了贵族家族的地方势力，防止他们拉帮结派或结党纷争；另一方面，它加强了权力的下放，有利于地方自治和基层管理。比如说，村落的一项重要职责就是将所有年满 18 岁的男子注册在案，有如我们现在办理的户口证明。一旦有这个记录，登记者完成为期两年的军事训练后，便正式成为雅典公民，享受其应有的权益。再比如，十大部落负责上报各自的现役军人，这些服役人员平时在一起训练体能，打仗时一同进退，确保了雅典公民常备军的人数和作战力。

十大部落同时也通过抽签各选 50 人，组成协调公民大会的 500 人政务会。这些层层叠叠的社区组织在日常生活里发挥了政府的功能，促进了大众的团结与合作，大大提高了民间的自治能力。

以前雅典人见面都要说“我是某某某之子 XXX”，有点家族背景的声音自然会大些。而这之后都变成了“我是哪个村子的某某某”——土是土点，但不分高低贵贱，非常接地气。

克里斯提尼的改革推行之后，公民参政的力度大幅提高。在接下来的几个世纪里，除了几个短暂的特殊时期，此一推动民主政治的根基坚如磐石。

有一句话说：“罗马不是一天建成的。”雅典的民主也不是一夜间横空出世的。

如果从梭伦开始算起，它的完善经过了好几代人的不懈努力，一路上磕磕碰碰，边摸索边突破，经历了挫折、政变和僭主等种种风波。可以看到，搞民主不是请客吃饭，无法一蹴而就，而是需要不断进步和修正。

不得不提的是，在往后的历史里，日益强大的雅典对外大搞帝国主义，欺负其他希腊城邦，对内歧视非公民群体，到处压迫奴隶、妇女和外邦人，这些违背民主原则的做法可以把人活活气死。如果我们拉一个雅典人到现代，心平气和地给他指出这些问题，估计他也会认识到他们所犯的错误有多么不可饶恕。

但是，不管过程多么曲折，实践起来有多大偏差，对选择民主这件事，我想大多数雅典人是不会后悔的。史料里就出现过一些作者，明明一心向往寡头统治，但还是心不甘情不愿地承认雅典的这个制度确有其独特的优势。

如果不民主，还有其他更好的办法吗？难道寄期望于一个仁慈的独裁者？还是告诉那些生来平等的普通人，他们没有掌握自己命运的能力和资格？世间有些事往往需要摒除其他选择。在别无他法之后，才会有不断的努力和坚持，最终开辟出一条别人做梦都想不到的可行之路。

这里强调一下，古希腊式的极致民主和我们现代所谓的民主可完全不一样。

民主（democracy）来自希腊语 *demokratia*，字面的意思是“人民的能力/作为”。

雅典的模式被称为直接性民主或参与式民主，围绕着极度平等和自主自治展开。

这两个概念听上去不错，但究竟如何在现实中贯彻？其一是公民轮流担任政府职位：以后期的 500 人政务会为例，成员直接由抽签决定，任期一年，不得重任，因此每个公民都有很大的机会担任此职。其二是将日常参政的范围无限扩大，例如将负责拟定法律、审理案件和弹劾官员（比如陶片放逐法）等众多功能授予公民大会。而除了妇女、奴隶、外邦人外，所有到法定年龄的雅典男子都可以在公民大会上对这些事务进行讨论和投票。政府还发放一定的津贴，确保工薪阶层不因经济损失而缺席。

与现代社会不同，一个追求绝对平等的社会是不欢迎职业政治家的。少数人对政治决策的掌控让民众对他们过分依赖，而不是通过相互团结来解决问题。就算遇上一代明君或伟大领袖，社会各层的自治和组织能力也会严重退化，等到下一代继任者能力不济或专制独裁时，百姓已是俎上之肉，无力反抗——大家可以看看古罗马文明从共和制走向帝制的过程。

唯一能对得起平等和自治原则的办法就是所有阶层一起治理国家，在约束他人的同时也被他人约束。这个直接参与的模式和选举民意代表非常不一样。雅典人如果知道现在所谓的“民主”，一定会给一个鄙视的小眼神，因为大多数西方国家只能算是共和代表制，而非符合希腊民主精神的公民执政制度。

不一样的斯巴达

1 ／ 只此一家

接下来讲讲在公元前 510 年出兵助雅典人赶走庇西特拉图家族的斯巴达。

不要以为斯巴达人反对僭主统治，就一定喜欢民主，他们同样也不赞成绝对平等的政治理念。那么，斯巴达究竟是什么样的城邦？

话说古今中外，斯巴达的奇葩程度恐怕无人能及，所以，大家若不学历史，绝对会被限制想象。

当然，这并不排除外邦人描述斯巴达有添油加醋之嫌，如古罗马的传记作家普鲁塔克（Plutarch），写了很多有关那里的骇人听闻的八卦；又如雅典作者，有些虽长期旅居斯巴达，但依然难知全貌。这些记录虽难以全信，但奈何斯巴达并没有出现本土历史学家，因此只能活在别人的眼中。

斯巴达的与众不同很大一部分归功于最早的立法者吕库古（Lycurgus），他所扮演的角色与雅典的梭伦相似。区别是梭伦只是雅典民主改革的先驱，后面还有好几代杰出的革命家再接再厉，而在吕库古之后，斯巴达人居然几百年来都乖乖地奉行他留下的一套法度，再无创新。这个现象既说明吕库古制度的厉害，也反映出这套思想对变革的限制。所谓“成也萧何，败也萧何”，再好的东西几百年不变，也会僵化、变质，然后烂掉。

为此，雅典人总觉得斯巴达人长了一颗既呆萌又死板的脑袋。

反之，斯巴达人总觉得雅典人既十分善变又靠不住。

这两个城邦的恩恩怨怨终于在公元前 5 世纪下半叶引发了一场旷世大战，最后两败俱伤，希腊从此走向衰败。此是后话。

2 ／ 元老吕库古

吕库古上任后执行的第一条政策就是平分土地。

公元前 7 世纪的斯巴达同样贫富不均，社会矛盾激烈。吕库古说服大家把土地充公，然后重新公平地发放给每个公民。

接着他禁止使用市面上的金银货币，用大块既不值钱又不易携带的铜铁代替。

这是唱的哪出戏？等于我们现在取消了信用卡、支付宝、微信支付，每人一次最多只能花50元钱。这样穷人和富人的差距就一下子缩小了。据说，新的货币政策出台后，偷窃、抢劫、行贿等犯罪都消失了。为了进一步抑制奢靡风气并提倡艰苦耐劳、自我节制，吕库古设立了集体食堂，让所有斯巴达人一起吃饭。这些政策一出，社会上刮起了一阵节俭平等之风。

他们的集体食堂可不像现在中国大学的餐厅，菜式从麻辣火锅到意大利比萨应有尽有，让人产生选择困难症。斯巴达食堂里吃的军营式伙食只有老三样，根本没得挑。

据说让为数不多去过斯巴达的访客印象最深的是其中的一锅黑汤，也不知道用什么食材熬的，尝过后马上体会什么叫生无可恋。

吕库古认定对口腹之欲的追求只会造成道德上的腐败，更何况有多少见不得人的事都发生在私人宴会上。不错，斯巴达一切政策从头到尾只有一个目的：培养最出类拔萃和最坚强不屈的武士。

为了达到此目的，吕库古推广的国家经略就是自给自足，抵制贸易，远离外面的花花世界。像雅典这样一个开放型城邦一定非常不入吕库古的法眼：雅典人不但四处航海经商，还让一堆外邦人长期定居。估计吕库古如果知道特朗普想要建墨西哥墙，会表示非常理解。

平分土地、杜绝货币、抱团吃饭、闭关锁国，如果这些还不够惊人的话，下面还有更厉害的。

3 特殊的教育

在斯巴达，男孩子一生下来，先由长老决定生死。只有体格健壮者才被留下做公民，由政府授予一块土地，而那些弱小或残疾的婴儿则被直接抛弃到山谷里等死。

斯巴达可以说是走在了古代优生学的前沿。为了保证优良基因的延续，不惜对生儿育女强行干涉。

这些存活下来的祖国花朵都是如何幸福成长的？据说他们从小被训练独自在黑暗中睡觉，不能挑食，也不准哭闹。

等男孩长到 7 岁就必须离开父母，住进军营。

那里教授的自然不是文化艺术，而是军事技能和战斗精神。营中随时有军官监察，任何懦弱和违规的行为都会遭到严厉的斥责。为了培养“狼性”，所有孩童在 12 岁之前都没有一件像样的长衫，脚上连鞋子都没有，即使成年，也只穿一件斗篷；夏天，他们便“以天为盖，以地为庐”，睡在草席上，冬季则加一些蒲公英保暖；更糟的是，军营还常常故意不给他们足够的食物，逼他们外出寻找或偷窃，一旦被抓住则要遭受重罚。

传说，曾有一个男孩在外面捉来一只小狐狸，准备将它煮熟充饥，不巧遇长老巡察，他不得不把它藏在斗篷里，生怕发出一丝声响。待长老走后，男孩已被狐狸咬得肠穿肚烂，最后因失血过多而死。这个故事把其他国家的人吓坏了。相比之下，生活在雅典的小孩简直是长在蜜罐里。尽管所有公民有当兵的义务，但子女在家长大，可以“不务正业”地学习诗歌和艺术，或去操场锻炼身体，只需在18岁时完成两年军事培训，平时定期操练，50岁前处于长期备战的状态：有军事行动时受命出征，无军事任务时爱干吗干吗——雅典自由至上的口号绝非虚设。估计斯巴达的小朋友听到这种成长经历会直流口水，后悔自己生错了地方。

在斯巴达，从小同吃同睡的长期集体生活让男人之间的关系异常亲密，友谊的小船一不小心就往恋人的方向驶去。1993年，克林顿总统曾为回避美国军队中的同性恋话题，定下了“不许问，不许说”（Don’t ask，don’t tell）的规定，而在男风盛行的古希腊，还有比军营更嗨的地方吗？

尽管汉子们心心相印，但为了保障人口的数量，斯巴达会定期对未婚老男人进行羞辱，让他们在市中心裸体游行，并高呼自己藐视了城邦法律。相较于中国未婚青年所面对的来自亲戚们的围攻，斯巴达的大龄武士面对的是整个社会的歧视。传说当时一位著名将军在公共食堂用餐时，旁边的青年不仅不让座，还讥讽他未婚无子，有愧国家。

大家还要对中国式催婚抱怨吗？

4 / 男女那点事

姑娘们先别偷笑，男权社会下的男性尚且如此，女性自然更不好过。结婚在斯巴达叫作“抓女人”。通常在结婚当天，新娘会被剃光头发，换上男装，被放在床上。新郎则需在公共食堂吃完晚餐后偷溜进一片漆黑的新房。情意缱绻？不存在的，一切都是为了繁殖健壮的下一代！新人需要快速行动，因为新郎还要偷偷地溜回集体宿舍，就像什么都没有发生，而这样的地下婚姻会一直维持到男方30岁正式退营的时候。这导致有些孩子都能打酱油了，还不知道父亲的模样。

这样的设定据说可以锻炼新娘和新郎的控制力，使两人不会因为整天黏在一起而纵欲过度，产生审美疲劳。

斯巴达人，这是什么逻辑？

另外，为了体现对共享精神和优生优育的觉悟，斯巴达还鼓励丈夫摒弃不成熟的嫉妒心，大方地献出自己的配偶，给体格健壮的同胞“配种”。比如一个老年男子和一个年轻女子结婚，而妻子喜欢上一个更年轻的男子，丈夫就要把自己的妻子介绍给他，然后将他们的孩子视如己出。同样，如果一个受人尊敬的男子喜欢上别人的妻子，然后发现这个女人生的孩子非常优秀，而他自己也健康强壮，就会主动上门去找她的丈夫协商，让他跟意中人同房，留下优秀基因。

并非斯巴达人思想前卫，推崇性解放，他们纯粹是为了像家犬配种一样培育出高质量的下一代。

尽管如此，人口的低迷还是成了斯巴达的硬伤。到了公元前4至前3世纪，耕地因产权交易和私人转户而过度集中，贫富悬殊，不少人无力维持军人的开支，导致公民身份被剥夺，最后全城真正的斯巴达人只剩下几千人，把自己活活逼成了濒临灭绝的人种。这样的社会在历史上可谓绝无仅有。

5 ╱ 斯巴达的半边天

除了令人闻风丧胆的斯巴达武士外，同样声名远扬的还有斯巴达妇女。同其他城邦相比，她们享有崇高的社会地位和难以想象的自由。全希腊只有斯巴达的女子可以独立掌管财产，接受教育。另外，出于强身健体、优生优育的考量，女孩子还可以和男孩子一般裸身运动，而不是大门不出二门不迈……种种开放的习俗让其他希腊男性很不待见她们，大呼斯巴达女人既淫荡又彪悍，还以海伦和她表妹为证：在神话里，她们一个私奔到了特洛伊，另一个在家门口将自己的丈夫杀害。

不管别人如何嗤之以鼻，尚武的血液流淌在斯巴达女性的体内。她们留下的一堆霸气十足的言辞，其犀利又精辟的风格还被称为拉科尼亚（斯巴达的所在地）体。

比如说有生活悲催的雅典妇女好奇地问斯巴达的姐妹：“为啥你们这么会驾驭男人？”答案是：“因为只有我们生的才是男人。”

当有使者前来寻求援助，试图不断用更多的钱财来贿赂国王时，国王的女儿说："现在就把这个毫无品德的外邦人从家里赶走，要不然你会被他彻底毁掉。"这位国王听了后马上照做。

一位斯巴达母亲在儿子出征前送上盾牌，并嘱咐道："要么自己把它带回来，要么躺在上面让人抬回来。"

另一位母亲得知自己的儿子在战场上退缩，便直接将他手刃，还在墓碑上刻下："此人临阵退缩，为其母所杀。"

还有位母亲听到自己的儿子英勇牺牲，在墓碑上刻下："我将你埋葬于此，不流一滴眼泪，你是我，也是斯巴达最出色的战士。"

有这样的妇女，何愁斯巴达不强大。但也要讲一下斯巴达发家的黑历史。之前说过，古风时代的古希腊社会普遍动荡不安，纷争迭起。雅典选择发展生产，开拓贸易，推进民主，终于在不断的突破和改革后找回平衡，涅槃重生。而斯巴达面对挑战却选择了一条完全不一样的路。

6 ╱ 城邦的下等人

斯巴达所处的地区为雅典以西的伯罗奔尼撒半岛。传说中在特洛伊战争结束后，天神赫丘利（Hercules）的子孙占领了这块地盘，他们的后裔被称为多利安人，是希腊三大族系的一支。传说的真假很难分辨，考古界也一直没有定论，但至少众多的希腊记载都称斯巴达人是在黑暗时代来希腊定居的多利安人的后裔。

公元前 9 世纪时，流着多利安人血液的斯巴达人初露锋芒，攻下了周边的拉科尼亚的领土。公元前740—前720年，斯巴达人再接再厉，占领了美塞尼亚。

如前面所说，斯巴达的男性公民都进了军营，难道是女人耕作吗？自然不可能，斯巴达在完成侵略后，便剥夺本地人的自由，逼迫他们服务于斯巴达政府。这些人又分成两个级别：好一点的为庇里阿西人（Perioikoi），负责提供物资和军援，待遇最差的是黑劳士（Helots），负责生产粮食。因为这些下等人的存在，斯巴达公民才能从劳作和其他杂务中抽身，全心投入全职军事培训。有人统计，当时斯巴达的公民大约为10 000人，而下等人就有140 000人。也就是说每有1个公民就有14个被欺凌的下等人。

数量相差如此之大，如何能有效控制下等人，让他们不敢造反？侵略和剥削虽能在短期内获得巨大利益，但由此种下的深仇大恨却让斯巴达人惶惶不可终日，逼得他们必须更加武力化，由此形成一个无穷无尽的恶性循环。到了公元前4世纪，斯巴达人最惧怕的梦魇还是成为现实：黑劳士成功摆脱控制，重获自由，无人代耕的斯巴达从此一蹶不振。

斯巴达对待周边居民的方式如此令人发指，但对结盟的友邦却是一副完全不同的姿态。从公元前6世纪开始，它与邻邦建立起伯罗奔尼撒联盟。这一组织的主要功能是防御外敌，彼此之间大致奉行平等尊重之道，比如当遇到重大决定需要投票表决时，所有盟邦与斯巴达一样各持有一票。此外，斯巴达没有像雅典一样向其他城邦强行征收贡款，否则便直接武力侵犯，所以它们在国际社会的口碑好坏、人心向背，在之后的伯罗奔尼撒战争里都展现得清清楚楚。

虽然斯巴达与雅典差别很大，没有走上全面民主的道路，但它的政治制度也并非一无是处，其长处为制度上杜绝集权，注重制衡，维护传统，循序渐进。比如说在公元前 6 世纪，其他希腊城邦不再有君主制，但斯巴达却保留了世袭的国王，但同时有两个，不分大小，互相牵制。

负责公民大会议程的长老会是由 28 位长老加上 2 位国王组成的。相比之下，在雅典享有同样功能的 500 人政务会的民主程度更彻底，它的成员由抽签组成，每年替换，没有年龄限制（年满 18 岁的公民即可）。

斯巴达公民大会同样也对所有公民开放，但相比于雅典，参会者只能表示同意或否决，没有讨论或提议的可能。斯巴达人木讷寡言的形象估计就是受这个制度的影响，不像雅典，随便抓一个出来都伶牙俐齿，口若悬河。

另外最奇怪的就是每年从民间选拔出来的 5 个监察官，在其他城邦没有此职位。监察官的主要职责包括弹劾起诉官员、对黑劳士宣战、主持公民大会等。或许平时乖顺的斯巴达人长期被压抑，一旦坐上监察官这个位子，很容易变得严厉苛刻，比如说国王如果没有子嗣，就有监察官逼他纳妾，又比如说哪个将领功劳太大，就要指责他太过高调。

从这些做法可以看出，斯巴达是一个民主和专制共存的畸形产物，如果有人想过自我放飞的日子，在斯巴达不太可能，因为它时时需要提高军事强度，防范大量被压迫的奴隶。但与此同时，斯巴达公民的生活得到很好的保障，既无经济压力，也不会被位高权重的人随意践踏欺凌。克己复礼的斯巴达与奔放自由的雅典也并非只有反差，双方的公民体制在注重平等和参与性上有很大的重叠。回望历史，像斯巴达这样的社会是否有可学习借鉴或抵制批判之处，依然值得讨论。18 世纪就有一大批欧洲文化人对斯巴达情有独钟，反而看不上雅典。

无论如何，在接下来与波斯的大战中，斯巴达的表现确实可圈可点，坐实了希腊战斗民族的头衔，让人刮目相看。

CHAPTER 5

硝烟四起

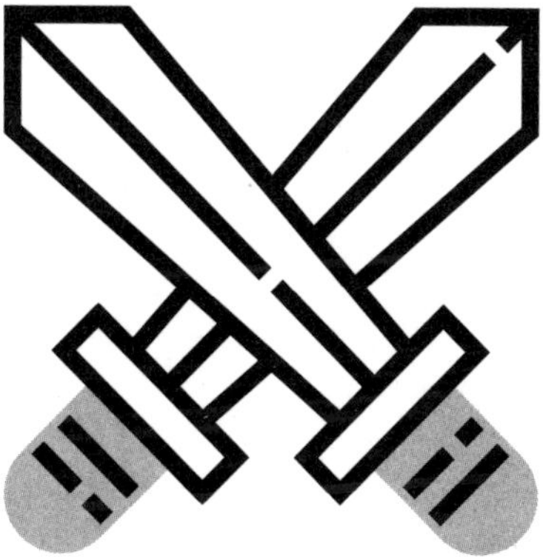

第 5 章

帝国的前身

古希腊开挂般的前半部历史由一场辉煌的战争拉开序幕，在经历了几个世纪的惊人建设后又被一场荡气回肠的战争推上巅峰，这一前一后便是大名鼎鼎的特洛伊战争与希波战争。

当年希腊人耗尽十年攻下特洛伊城后，这场轰动四海的纷争不但没有因为时间的推移而被遗忘，反而通过在民间的反复吟诵而代代相传，让后世对其中的风流人物和英雄事迹如数家珍。在这些传说的熏陶下，希腊人对自己的身份产生了独特的认知。往后的岁月里，他们勇敢地走上了一条与众不同的发展之路，开创亮眼的“古风革命”，并收获了伟大的“古典时代”，使希腊文明在人类史册里大放异彩。

有意思的是，古希腊的衰退史也是拜两次武力冲突所赐，一场是与马其顿，另一场是与罗马。这两场战争，希腊都打得灰头土脸，一败涂地。

输赢胜负显而易见，可其背后的军事实力却是社会长期发展的产物，需要与体制结合起来一起研究。所以在讲解战争细节的同时，也需回顾上一章里的城邦发展，才能看清希腊从无名走向成王再走向败寇的内在逻辑。

发生在公元前 490 年—前 480 年的希波大战有着丰富的史料记载，更被视为希腊文明走向辉煌的里程碑。这场斗争的惊心动魄之处不仅是战场上的厮杀，还有意识形态上的博弈。

面对波斯大兵压境，希腊人第一次感受到自己与“东方”的差异和对立。

在这之前，希腊在地中海文明圈里安居一隅，对周边的大国充满敬意和羡慕。然而在公元前 5 世纪，几个微不足道的希腊城邦却一举大败波斯帝国，成为当时不可轻视的强大势力。自此以后，欧洲人笃定他们从希腊继承的自由文明终将战胜东方的独裁统治，而此信念贯彻西方文明发展始终。

不过要说明一下，这个所谓东西方文明的较量，欧洲人占尽了舆论优势，因为保存下来的只有希腊单方面的记录。更准确地说，信息大部分都来自一部文献——希罗多德所撰写的《历史》。

这位西方第一位史学家（也有人骂他为“天下第一谎言家”）开卷就宣布，要把希腊人和外邦人的英雄事迹全部记录下来，以防它们被湮没在历史的长河中。

他的叙述是否客观公正，还需读者自己评判。

既然没有选择，那我们就跟随希罗多德的文字，先一窥“对头”波斯的发家史。波斯帝国起源于俗称“近东”或“亚细亚”的两河流域，不但疆土辽阔，而且执行中央集权，与地域狭小还大搞独立自治的希腊城邦有天壤之别。

早在黑暗时代，希腊人还在吟唱、游荡和裸跑，近东地区就已经被亚述帝国占领，其核心地带为现在的伊朗、叙利亚、土耳其和伊拉克。亚述帝国最强大时，连周边的埃及、以色列和巴比伦也一度被收纳在其势力范围内。

谁知在公元前 612 年，亚述帝国毫无征兆地在一夜间被米底王国（Media）取代：近东的强国风光起来无人可敌，但倾塌起来则快如龙卷风。新出道的米底王国同样好景不长，公元前 585 年就迎来了它的最后一任国王阿斯提阿格斯（Astyages，以下简称“阿斯提”），也就是“东方”世界的第一个主角——波斯帝国——登场前的最后一个铺垫。

1 ／ 米底国王阿斯提

据希罗多德介绍，阿斯提又污又暴力。

有一天，他梦见女儿随地撒尿，把整个国家都给淹了。这可不是什么祥瑞之兆，于是他赶快把亲生女儿远嫁到附属地波斯。结果当晚他又做了一个梦，这次他女儿的私处长出大片藤蔓，把整个帝国紧紧缠绕住。国王又惊吓不已，找人解梦。法师告诉他，公主的儿子将来会抢夺王位。卧榻之侧，岂容他人酣睡？就算预测之事还未发生，也要以防万一。阿斯提立刻找来亲信，要他处理掉自己的外孙。可这个亲信另有打算：如果国王去世，公主继位，自己此举岂非自掘坟墓？

于是他把孩子送给了一个牧羊人，命此人将其弃于荒野。

恰逢牧羊人的妻子刚刚小产，夫妻俩心存不忍，索性将这个送来的孩子视如己出，抚养长大。

岁月匆匆，如白驹过隙。很快，这个孩子长到了十岁。别的小孩还在打酱油，他却玩起了一个扮演国王的游戏，自己学九五之尊发号施令，却让贵族子弟们俯首听命。阿斯提听闻后甚是讶异，将此童召进宫中——想必这个孩子长得与祖父十分相像，阿斯提一眼就认定这是自己的外孙。十年前的预言如噩梦般卷土重来，阿斯提慌忙询问法师该如何应对。法师告诉他，孩子已经在游戏里成为国王，当年的梦已经没有危险了。

放宽心的阿斯提放走了外孙，却对背叛自己的那个亲信耿耿于怀。

几天后，阿斯提大宴王公贵族，这个亲信自然也在被邀请之列。他先让亲信的儿子去花园同其他贵族子弟玩耍，宴会上，阿斯提让亲信品尝了一道特制的菜肴，问道："味道可否？"亲信礼貌地回答："多谢陛下，食物非常合我的口味。"紧接着，国王命人端来一个罩着盖子的托盘，说道："作为惊喜，就让他的父亲亲自打开欣赏吧！"亲信疑惑地打开盖子，不禁大吃一惊——托盘里放着鲜血淋漓的一只手和一只脚！细想后，他几乎瘫倒在地：国王一早便杀了他在花园中玩耍的儿子，再煮成食物让自己吃下！

通过这个变态的故事，大家对希罗多德精心打造的阿斯提的人设清楚了吧！

弑子之仇不共戴天，不过亲信并没有当场发作，而是强装镇定道："我懂了，这是陛下对我的惩罚。陛下您是万民之王，无论雷霆雨露，均是天恩，作为臣下，绝不敢有怨言。只求您仁慈，准许我将孩子的残骸带回家安葬。"

君子报仇十年不晚，这个亲信从此韬光养晦，静候时机，在关键时刻与阿斯提的外孙联手，将阿斯提打败。如预言所说，这个外孙长大后推翻了祖父的米底王朝，并建立波斯帝国取而代之，成为大名鼎鼎的波斯大帝居鲁士一世。

不过，远在近东的波斯如何同希腊产生了纠纷？

2 ╱ 吕底亚国王盖吉兹

在米底领土的最西边，有一个紧邻爱琴海的附属小国吕底亚。

如果把爱琴海幻想成一个大池塘，希腊人便是围绕着水边居住的青蛙——这可不是笔者故意取笑，而是古希腊伟大的哲学家柏拉图所言。池的南面有克里特岛，在《奥德赛》里，奥德就曾谎称自己是克里特人。雅典和斯巴达坐落在左侧的希腊大陆，而右边是面积庞大的安纳托利亚大陆，其西岸地带被称为伊奥尼亚，与吕底亚接壤，住在那里的希腊人又名伊奥尼亚人。

早在公元前 7 世纪，吕底亚国王盖吉兹（Gyges）就对伊奥尼亚生了觊觎之心。

这个盖吉兹是什么来历？

原先的吕底亚国王叫坎道列斯（Candaules），此人疯迷自己的老婆，觉得自家媳妇是神仙下凡，连海伦都相形见绌。这可苦了他的贴身护卫盖吉兹，执勤不算，还要每天听国王絮絮叨叨地夸耀王后。事情到这里也无伤大雅，可接下来发生的事实在让人大跌眼镜。

坎道列斯每每谈及妻子的美貌，盖吉兹都唯有点头附和，可坎道列斯认为这还远远不够。有一天，他向盖吉兹提议道："你必须偷看一下我老婆不穿衣服的样子，这样你就会完完全全相信我所说的。"

盖吉兹听后吓出了一身冷汗："陛下，何出此言？臣如何敢做这样的事？女子一旦衣不遮体，就没了尊严，何况她是王后。如果臣这么做，于情于理都要遭天谴。臣早就被陛下说服，完全相信王后是这个世界上最美的女人，求您不要让我做有违伦常之事。"

国王却不为所动："不用担心，我自有办法！寝殿里有一道暗门，你只需悄悄地藏在门后，待王后更衣时便可细看她美得不可方物的玉体。到那时，你便知我所言不虚了。"

国王为了帮助别人顺利偷看自己老婆，真是操碎了心。

盖吉兹拗不过坎道列斯软磨硬泡，只好照做。或许他真的被王后的惊人美貌迷得手足无措，又或许因担惊受怕而慌了手脚，总之在离开暗门时，他不小心发出了轻微的声响。王后听到动静后就意识到有人偷窥，并立刻猜到是她丈夫设计的，否则谁能混入寝室，得知暗门的奥妙，还准确把握偷看时机呢？她确定此人一定是国王身边的亲信盖吉兹，因为国王只有对他才如此信任。但她并没有马上出声，而是暗暗琢磨如何报复羞辱她的人。

第二天，王后独自召见盖吉兹，开门见山地告诉他："你跟国王两个浑蛋只能有一人活着。要么杀了国王然后迎娶我，继承王位，要么因玷污了我的名声而等着受死。你自己选吧。”

遇上这对奇葩夫妇，盖吉兹估计也是欲哭无泪吧！

答案不言而喻，盖吉兹选择杀了国王，不但抱得美人归，还登上了吕底亚的宝座。

希罗多德似乎在此暗示，吕底亚人何其荒谬无耻，跟有文化、有底线的希腊人不可同日而语。其实跟希腊的各类人物一比，这绝对是五十步笑百步。

盖吉兹即位后，对伊奥尼亚发动了数次侵略战争，可直到公元前 560 年，盖吉兹的后裔克罗伊索斯（Croesus，以下简称“克罗伊”）才彻底征服伊奥尼亚，逼迫那里的希腊人长期朝贡交税，并接受他安插的傀儡官员。希罗多德不客气地指出，这个克罗伊就是挑起东西方（指的是中亚和希腊）对立的罪魁祸首。

3 / 克罗伊的理解

希罗多德还愤怒地指出：在克罗伊“打压”伊奥尼亚之前，所有希腊人都是自由的。

如此一说，克罗伊的罪孽可就大了。自古希腊起，西方就以“自由”“民主”自居，希罗多德的这番话等于是将克罗伊狠狠钉在了历史的耻辱柱上。

的确，罪魁祸首克罗伊的结局很悲催，用“聪明反被聪明误”这句话来形容他的一生再恰当不过了，因为他不仅害了自己，还使吕底亚亡国灭种。

事情是这样的。在克罗伊即位期间，波斯帝国在居鲁士大帝的统治下蒸蒸日上，让为邻的吕底亚备感威胁。克罗伊虽然喜欢欺负居住在伊奥尼亚的希腊人，却深深中了希腊文化的毒：这点犹如后来的古罗马人和18世纪的欧洲人，无论战斗力多强，思想上都是希腊奴。面对波斯的威胁，克罗伊第一时间跑去问希腊最出名的德尔斐女祭司——一个专门服务阿波罗、向世人传达神谕的神婆。

诡秘的希腊大妈送了他一句掷地有声的话："一个伟大的帝国将被消灭。"

克罗伊闻后大喜，立刻召集兵马向波斯发起猛烈进攻。

结果吕底亚反被波斯打得落花流水，克罗伊还被生擒。居鲁士大帝把他绑在一堆干柴上，准备用火慢慢烤成人肉干。克罗伊顿时觉得天意弄人，愤愤地大呼德尔斐主神阿波罗的名讳。被热浪包围的他，在绝望之际突然感到一滴水滴在自己的额头上。紧接着，狂风怒号，大雨倾盆，竟将熊熊烈火浇灭。波斯国王极为震惊，待得知其中缘由后，决定将克罗伊收为幕僚，留在身边。

克罗伊逃过此劫后，立即冲到德尔斐，义愤填膺地质问女祭司："你居然敢骗我说波斯帝国会被消灭！"

女祭司一脸疑惑："我何曾说过波斯帝国会被消灭？"

"你还不承认？就是因为你预言'一个伟大的帝国将被消灭'，我才出兵征讨波斯的！"

女祭司面无表情地答道："我说的伟大帝国正是您的吕底亚啊！"

吕底亚灭亡后，原先被克罗伊掌控的伊奥尼亚被波斯吞并。

波斯帝国追求的是疆土辽阔和权力统一，虽然出于现实的考虑，对不同民族和文化较为包容，但依然上下有别，皇权至上。

拥有同样语言和文化的希腊却形成无数的独立城邦，并尊奉权力制衡和民主平等的政治原则。

对不同的人来说，这两种截然不同的世界肯定各有利弊：作为斯巴达的黑劳士未必强过波斯手下的臣民，而波斯的贵族可能还没有雅典的一个农民有话语权。该如何评价这两套政治体系和文化价值，值得我们认真思考。

第一次希波大战

1 希腊人的起义

公元前499年，波斯帝国被居鲁士大帝之子大流士治理得井井有条。在这棵大树的遮阴下，伊奥尼亚的希腊人只需按时上缴为数不多的赋税，尊重波斯任命的官员，照样可以一如既往地过日子。尤其是甘愿与波斯合作的本土精英，更可以吃香喝辣。对于这些臣服波斯的人，希腊人发明了一个特殊词语“变米”（medize），用来形容“变节投靠米底的人”，因为当时他们还傻傻分不清米底和波斯的区别。

总之，当年在伊奥尼亚，“变米”是一种再普通不过的现象。

但自由的意识就像一剂春药，一旦服下，就让人心旌摇曳，热血沸腾。

公元前 499 年，主张“脱波”的独立派风头正劲，再加上一些无巧不成书的私人恩怨，伊奥尼亚的希腊城邦开始高举独立大旗集体造反，处决了多个“变米”头目。

一不做二不休，起义军冲到原吕底亚首都、后为波斯省会的萨迪斯（Sardis），一把火烧毁那里的寺庙和宫殿，给了大流士一记响亮的耳光。

迎接他们的，将是狂风骤雨般的无情镇压。

2 ／ 米利都的沦陷

时间快进到了公元前 494 年，穷凶极恶的波斯大兵压境。

一边是几个芝麻大的希腊城邦，一边是组织周密的帝国兵将，双方实力悬殊。用一句俗话来说，波斯人吐的唾沫都能把希腊人淹死。雪上加霜的是，希腊人在大敌当前严重内讧，“变米”的一派急着出卖自己的城邦，向大流士示好，支持独立的起义军却纪律涣散，离心离德，结果一干人等被波斯轻而易举地全部剿灭。史书中记载，伊奥尼亚最繁华的城邦米利都（Miletus）被夷为平地，男人全数被杀，女人和孩子被卖作奴隶。

这个处在中西文明交界处的城邦曾经无比繁华，培养了大批出色的科学家和艺术家。被波斯屠城后，米利都从希腊的历史记录中消失，希腊的文化中心从爱琴海东岸转移到西岸内陆的雅典。

雅典有一个话剧家，在事后创作了一部《米利都的沦陷》，赚足了观众的眼泪。

这其中有一层特殊关系，就是雅典人自认也是伊奥尼亚族群的一支，只不过早早移居到了内地的阿提卡地区。但谁不知血浓于水，唇亡齿寒的道理？有好事者提出，这部作品增加了波斯人的锐气，灭了自己人的威风，结果这个话剧家竟为此在鼓吹言论自由的雅典被罚款。民众有时绝对是蛮不讲理的一方。

3 ／ 公元前 492 年的天气

看不看话剧都无妨，因为波斯人的下一个目标就是雅典。

这一切要从公元前 506 年讲起。大家还记得那个既不赞成专制也不喜欢民主的斯巴达吧？它在公元前 510 年曾替雅典人出兵，把二代僭主希庇亚斯赶走，但到了公元前 506 年又想推翻民主政权。为了维护新政的稳定，防止斯巴达搞破坏，雅典人急于四处结盟，找到了波斯头上，于是派出代表团来到了最近的波斯省会萨迪斯，原吕底亚首都。那里的省长先问了一句让使者吐血的话：“雅典在哪里？”

了解来意后，波斯省长安慰了雅典使者：

> 想要我们帮忙也不难，只需要你们向波斯信奉的唯一真神和执掌天下的皇帝献上土和水，诚心归顺即可。

古希腊城邦之间的结盟和脱盟十分平常，波斯却不同，一旦归顺就意味着永世臣服，不得悔改。

公元前 499 年，伊奥尼亚人造反时，义薄云天的雅典派出 20 艘军舰协助他们，把当日对波斯效忠的誓言抛到九霄云外。唯我独尊的大流士被雅典要了，着实咽不下这口气。

公元前 492 年，即米利都被团灭的第三年，大流士派女婿马多尼乌斯（Mardonius，以下简称“马多尼”）去报复曾在暴乱中支持伊奥尼亚希腊人独立的雅典和埃雷特里亚（Eretria）——两个地处希腊内陆的城邦。马多尼所到之处，大片希腊城邦主动投降。不少权贵觉得在波斯皇帝底下作威作福强过在民主自治之下受大众监督，而且反抗波斯代价巨大，是以卵击石，何苦为之；也有城邦想借此搞打击报复，比如埃伊纳岛，希望借波斯大军之手打压老对头雅典。

斯巴达是少数不愿屈服的城邦之一。他们告诉来访的波斯使者，若想得到代表归顺的土和水，就自己去拿，说完就把对方推到了井下。电影《斯巴达 300 勇士》里有一个经典镜头：在斯巴达国王的逼近下，波斯使者退到井边，不可置信地大喊：“这个地方只剩下疯狂！”斯巴达国王望着他，眼神刚毅坚定：“这个地方就是斯巴达！”然后一把将他推下。

他们的骨气虽然让人佩服，但使者只是负责传达信息，着实无辜，孰不闻“两军交战，不杀来者”，连希罗多德也批评斯巴达此举不够磊落。

除了斯巴达等少数外，微小的和更小的希腊城邦内斗和相互争吵还来不及，哪里有精力来对抗气势如虹、组织严明的波斯？

还好老天长眼，一翻脸，海上出现了恶劣天气，引起了大风暴。

因为气候和水土不服，还未开战，马多尼就白白损失了 300 艘船和 2 万多人，只得无功而返。

4 ╱ 大流士来了

波斯人怎会轻言放弃？公元前 490 年，他们重整兵马，卷土重来。

这一次，大流士亲自率领 3 万多人出征。按照波斯的标准，这算不上什么，但却足以让希腊人瞠目结舌：这也太看得起自己了！一个小型城邦的全部人口也不过三五千人，能行兵打仗的精壮男子更少。这几乎 10:1 的比例干脆叫“群殴”算了。波斯还吸取了上次的教训，不再沿北部的海岸线西行，而是直接横渡爱琴海。

一路上，大流士所向披靡，征服了爱琴海中的重要岛屿纳克索斯（Naxos）和提洛（Delos），基本扫清了前进的障碍。随军出征的还有一位老熟人——曾被雅典驱逐的庇西特拉图的长子，二代僭主希庇亚斯。估计此行没人比他更心花怒放了。出征前，大流士承诺收复雅典后会交还给他，这样希庇亚斯不费一兵一卒就能华丽翻身。波斯本身是帝王制，所以也喜欢四处扶持一手遮天的地头蛇。对民主制，波斯向来不屑一顾。而信奉自由和平等的雅典也对个人或寡头政权嗤之以鼻，双方的相互嫌弃涉及东西文明之间的矛盾，可谓“道不同，不相为谋”。

5 势如破竹

很快，波斯大军就抵达了埃雷特里亚，离雅典已近在咫尺。

当年伊奥尼亚造反，埃雷特里亚是少数不惧波斯，支持独立，与雅典站在同一条战线上的城邦。如今埃雷特里亚危在旦夕，雅典于情于理都不能坐视不管，于是派出约全部兵力一半的4000名重装步兵前去支援。

而此时，埃雷特里亚的公民议事大会还没有达成御敌的共识。有人惶惑不安，却毫无对策；有人提议弃城而逃，躲进深山；还有人暗中盘算如何叛变。

城邦中一位素与雅典交好的世家子弟将这种不堪的情况告诉了雅典人，劝他们不要将自己也赔进来。雅典首领知晓后决定立即撤军，以保全实力。

最终，弃城的建议没被采纳，大家决定执行拖延策略：不出面与波斯人正面冲突，尽量躲在城墙后面，撑一天是一天。在波斯的猛烈攻击下，埃雷特里亚坚守了整整六天六夜，双方都死伤惨重。到第七天，两名贪图富贵的贵族子弟借机“变米”，将敌军引入城内。波斯人破城后，把所有神庙付之一炬，以报希腊人当年在萨迪斯烧毁波斯灵寺之仇，然后按照皇帝的旨意，把幸存者充作奴隶，全部带走。

公元前490年9月8日，海边凉意阵阵，萧萧秋风裹挟着腥咸的味道，白鸥骤然低飞，羽翼划破丝绸般的水面。浩浩荡荡的黑色战船在马拉松海滩一字排开，如同庞然怪物，与地中海柔和的碧蓝格格不入。刚登陆的波斯军队如洪水猛兽般蓄势待发，只等一声令下。山上突然升起一缕黑烟，原本鸦雀无声的军队看到后如饿狼般躁动起来。同一时刻，40 多公里外的雅典城看到警示敌人来袭的狼烟，马上紧急召开公民大会商讨对策。其通过的指令将由最高军委会负责执行，此机构严格遵循民主的运作模式，每年选出十名将军（strategos）上任，并轮流担任主席，坚贞地演绎了什么叫相互领导、彼此监督和极端平等。

兵贵神速，这么多人在一起七嘴八舌，各抒己见，该如何当机立断？在非常时期也要灵活变通啊！每读到这个节骨眼儿，连笔者这个民主的忠实支持者都不知该为雅典人的忠于原则感到庆幸还是后怕！

好在雅典再次红运当头。在生死存亡之际，还真有一个浑身散发凝聚力的人脱颖而出，在平等的基础上，将民众有效地团结起来。虽然过多的个人英雄主义与民主的精神有违，但必须承认，历史上有些重要篇章确实因一些特殊人物而改写。

6 ╱ 横空而出的米太亚

这个关键人物就是在公元前 490 年击败波斯大军的雅典指挥官米太亚德（Miltiades，以下简称“米太亚”）。

他在欧洲军事史上的地位堪比击败希特勒的英国首相丘吉尔。

希波大战打响前没几年，年近花甲的米太亚才从海外回到阔别数十载的故乡，但这毫不妨碍他顺利当选将军一职。

在雅典的政治舞台上，没有论资排辈、人情世故，也无须攀权附势、谄媚奉承，在用人上只有一条原则：唯才是举，有本事就上。

大敌当前，军委会的十员大将不出所料地意见相左——民主绝对有让人抓狂的时候。这时刚刚当选为将军的米太亚拍案而起，主张“以攻为守”，正面迎击敌人。他凭借自己的远见卓识和演说天才力排众议，让这个方案在公民大会上获得通过。

雅典一边召集 9000 多名重装步兵倾巢出动，一边派出一名长跑健将前去斯巴达寻求援助。

这名被指派去送信的人叫菲迪皮德斯（Phidippides），他不但在一天之内跑到了斯巴达，还声情并茂地在斯巴达议会上发表演说：

> 坚贞不渝的雅典人——你们多年的老朋友此刻向你们紧急求救（好嘛，两边在公元前 506 年还打过仗，现在又是一家人了，这就是希腊人的节操，捂脸）。在通向我们这座最悠久和最美丽的城市的路上，卑鄙的波斯人正马不停蹄地飞速前行。英勇的埃雷特里亚在不久前被攻破，如果雅典也遭沦陷，希腊该何去何从？我们无比热爱的自由将何以延续？

斯巴达人听闻后热泪盈眶，紧紧地握住菲迪皮德斯的手，说道：“斯巴达不畏惧任何敌人，也不惜为希腊的自由和独立流血牺牲。可是按照习俗，我们需要等到月圆才能出兵，请你们务必坚守阵地，等待我们勇士的到来。”

听到这番话，菲迪皮德斯差点儿一口血喷出来，看来自己这一趟白跑了。可惜当时没有长途电话，可怜的菲迪皮德斯只能再接再厉，马上原路跑回雅典，把这个坏消息告诉翘首以盼的人们。

7 ╱ 背水一战

9 月 9 日，马拉松海边。

一条因为退潮而滞留沙滩的小鱼正无力地拍打着沙子。在太阳的炙烤下，它无比渴望回到冰凉的海水中。小鱼感到风停了下来，自己被庞大的硬物砸中。疼痛使它动弹不得，刚轻轻抬起鱼尾便只看到黑灰色的影子：一只将它吞噬的海鸥扑棱着翅膀，飞向远处消失的地平线，身后的海滩却异常平静。然而，这片刻安详却是狂风骤雨的前奏。

抱着视死如归之心的雅典军队已驻扎在马拉松。所谓“患难见真情”，整个希腊只有普拉提亚（Plataea）出面支援，倾其全力派出 1000 多名士兵。他们雪中送炭的恩情将被雅典人铭记于心。

此刻在马拉松，两路人马都选择先静观其变：波斯人坐待雅典的叛徒把自己的城邦出卖，雅典人还在望眼欲穿地等着斯巴达的援军。到了 9 月 11 日，气喘吁吁的菲迪皮德斯带来了噩耗：斯巴达还要至少一个星期才到。

这下，军委会又产生了分歧：

一部分人主张退回雅典城内死守，避免正面交锋：波斯骑兵和弓箭手杀伤力太强，在斯巴达缺席的情况下，孤军作战的雅典很难占到便宜。

以米太亚为首的另一部分人则主张一鼓作气，主动迎战，拖延下去不但影响士气，还会使叛徒有机可乘。最终军委会不得不投票表决，两边的票数却持平，直到一同前来的国防执行长（polymarchos）将关键一票投给了主战派。

6天后，轮到米太亚担任主席，其他四名主战的将军也将手中的决策权转授于他。终于，米太亚得以放手制订进攻计划。

9月17日黎明，双方的营帐依然悄然无声。米太亚独自一人走在马拉松岸边，思索着如何部署人马。

如果今日造访马拉松，人们一定会醉心于那里标志性的蓝天白云、澄净的海水和闪闪发亮的沙滩。面对这如画般的景色，米太亚却无心欣赏，他忧心忡忡，因为此战如若打败，雅典就会从此在地球上消失。

放眼整个希腊，投降的投降，倒戈的倒戈，寥寥无几的反抗者都被屠城或灭族。这个结局并不让人意外。波斯物资丰厚，人口繁盛，其版图比希腊的任何一个城邦大成百上千倍。他们不举行议会、选举和辩论，上下听命于一人，各个环节服务于皇权，整个帝国犹如一个配置齐全、摧枯拉朽的巨型坦克，连历史悠久的古埃及和新巴比伦都被征服，何况小小的雅典？

但希腊人是一个充满信仰、善于想象的民族，除了审时度势、趋利避害和向现实低头外，他们还有不灭的梦想和沸腾的热血。光从眼前看，投降波斯帝国确实好处多多，反之，追求民主和平等却要付出昂贵的代价，何况它们虚无缥缈，看不见也摸不到，既不能吃到肚子里，也不能当钱花，但在 2500 多年前，有些古希腊人偏偏对这两样东西笃信不疑，认为它们比生命还重要，如空气般不可或缺。

于是在公元前 490 年，有关民主和自由有多重要这个问题，雅典人给出了一个响亮的答案：高于一切。米太亚就是这种着了魔的世家子弟：宁在民主社会做一个平等公民，也不在集权国家做天潢贵胄。

面对波斯大军压境，米太亚坚定不移地告诉雅典人：只要天神不无端偏袒任何一方，热爱自由的希腊就一定会获得胜利。

这场博弈是否会如他所愿？

希腊的长处是重装步兵，这种步兵均来自城邦的自由公民。他们平时接受严格训练，作战时排成几行甚至十几行深的阵营，每排士兵右手持矛，左手握盾，盾牌的一半遮住自己，剩下的一半遮挡同伴，彼此掩护，前后呼应，一同进退。

同时，每一名重装步兵都佩戴铜盔，身穿铁甲，手握四米长矛，操着椭圆形盾牌和锋利的匕首，腰间束着厚皮带，身着风骚皮裙。

相比之下，波斯军队的步兵装备就寒碜多了，多数士兵没有盔甲，只有短矛和小刀。连他们穿的长裤都被希腊人日后取笑为野蛮的标志。可是波斯帝国疆域辽阔，是一个多民族、多宗教的国家，他们有着当时最优秀的骑射手——居住在欧亚草原上的游牧民族斯基泰人（Scythians）。这群人擅长骑射，当他们万箭齐发时，天空犹如下起了箭雨，对重装步兵杀伤力巨大。

当然，也有些希腊人表示无所谓。当被告知波斯人射出的箭遮天蔽日、威力无穷时，嘴炮满分的斯巴达人则说：“很好，这样打仗时可以为我们遮蔽阳光。”

针对两军的特点，米太亚认定此战必须速战速决：只有不让斯基泰弓箭手和骑兵发挥功效，才能确保希腊重装步兵的优势。

为达到此目的，米太亚将希腊队形的中心削弱，两翼拉长，让整个战线几乎达到 1 英里（约为 1.6 千米）。如此一来，正面交锋时，双方前几排的规模势均力敌，波斯军队难以短时间内围攻，也不易察觉雅典兵少的事实。

然后，米太亚赌上了希腊重装步兵的爆发力：趁对方还未动用人海战术，快速将他们的阵线搅乱，然后从两翼包抄。同时，他也在雅典公民的优秀素质上面下了注，它通过无形的磁场传递到每个士兵的心中。

完成战略部署后，米太亚率全军举行祈福仪式，将士们在他的鼓舞下士气大涨，一改之前的萎靡不振。一切准备就绪，世纪之战一触即发。

8 ╱ 难忘的胜利

带着天神的保佑，伴随着低沉急促的战鼓声，希腊士兵朝敌人的方向稳步前进。当进入波斯军队的弓箭射程之内，也就是离对方约200米处时，他们突然举起盾牌护住头顶，然后迅速狂奔，如洪水般涌向敌人。波斯人有些不敢相信：是什么给了这些人如此疯狂的勇气？

弓箭手还没来得及就位，雅典的重装步兵就已冲到眼前，他们只能迎上去近身肉搏。希腊战线中间的士兵势单力薄，面对波斯大量的精锐部队，厮杀异常惨烈。而分布两翼的雅典人和普拉提亚人却将各自面对的波斯少数民族打了个落花流水。碾轧敌人后，他们没有急着追杀，而是往里收拢，杀回中心，成功将波斯人彻底包围。最后希腊人三面联手，用凶猛的战斗力将敌人一举赶回海边停靠的军舰上。

希腊打赢了！

米太亚的计划进行得如行云流水、一气呵成，有如一个优美自如的舞蹈，每个动作都与乐曲节拍完美契合。

让我们看看希罗多德提供的数据：

> 马拉松一役，
> 6400名波斯人被杀，
> 192名雅典人阵亡。

在这场战争中，希腊不仅大败波斯，还贵在死伤极少。

马拉松之战因此成为古代战争史上以少胜多的典范之一。

这个战役为希腊开创了好几个史上第一，够子孙们自豪好一阵子。

以前，由于重装步兵装备太多太重，交战时双方都是颇具仪式感地缓慢前行。这一次，懂得“兵贵神速”的米太亚开创了“狂奔的重装步兵”，成为这场战役大胜的关键。这个创新现在听上去没什么大不了，但正如鲁迅先生所说，第一个吃螃蟹的人还是令人敬佩。

此外，据说雅典人是第一批看到裤装敌人而毫不畏惧的希腊武士，以往大家一见穿裤子的波斯人就开始腿软。这个心理上的转变说难不难，说简单也不简单。

但这个巨大的胜利背后也付出了沉痛的代价：

国防执行长，就是投出关键一票支持开战的随行人员，在这场战役中不幸阵亡：既然是主战之人，如何能不身先士卒？

有一位将军试图空手抓住船舵，以阻止敌人登船逃跑，最后双手被砍。

这些指挥官虽然多半出身贵族，却不顾个人安危，慷慨为国献身。就凭这一点，雅典也配大获全胜，可惜这种一心为公的领袖往后只会越来越少。

还没来得及庆祝，雅典人就看到身后的山坡上闪出一道白光：不好，恐有叛徒在城里向敌人施发信号，企图趁城内兵力空虚时协助波斯人攻破雅典。要知道，尽管波斯战败，但主要兵力尚存，只需绕海路而行，拿下空城雅典毫无难度。

面对脑补的恐怖画面，战士们不敢多想，立刻马不停蹄地撤退：无须任何人督促，已经万分劳累的雅典男儿以最快的速度奔走这 40 多公里：浴血奋战就是为了国家的安危，如果此时被波斯军队破城，那马拉松的巨大胜利将毫无意义。大家又赶紧派菲迪皮德斯只身先行，只为告诉乡亲们一定要坚持，他们的子弟兵刚刚在马拉松赢得了一个“荷马史诗”级别的胜利，此刻正尽全力飞速赶回，誓死不会让雅典沦陷在波斯人的刀剑下。

菲迪皮德斯用尽最后一口气跑回雅典城，将消息送到后就累得倒地而亡。后世为了纪念这位救国家于水火之中的雅典英雄，创办了马拉松比赛，并把战场和雅典的距离——42.195 公里定为马拉松竞赛的长度。

这是一场惊险万分的时间竞赛。

城内的市民得到消息后拼命加强防范，在城门上添置了守卫。

如果天气好，波斯人需要在海上航行 9~10 小时才能到达 100 多公里外的雅典。

而雅典军队需要披盔戴甲，在炎炎烈日下穿越山坡，行军 40 多公里。

入夜后，大军终于气喘吁吁地回到了雅典。城中并无任何火光，港口也没有停靠的波斯军舰：他们总算抢先一步到达，没让叛徒得逞。

就在此时，2000 多名斯巴达士兵如约在月圆之后向马拉松出发：他们唯恐错过战事，以每天 80 公里的速度行军，终于在三日之内赶到。但等待他们的只有漫山遍野的波斯人的尸骸。

这场敌众我寡、叛徒环绕、义务兵将专业军打败的神战让斯巴达大为震惊。大家如同参观著名旅游景点一般在战场上徘徊了许久。看到被杀的如此之多，死状如此之惨，连战斗民族也不禁对雅典人肃然起敬。在往后的岁月里，人们在马拉松的沙滩上树立了许多纪念希腊大获全胜的大理石碑。据说 600 多年后，到此凭吊的游客还能听到当年刀剑的碰撞声和波斯人的惨叫声。

要说史上以少胜多、逆天而行的战役并非仅此一例，但全程以民主的方式来组织反抗，还赢得这么漂亮，确属罕见。一般而言，交战各国往往加强戒严，控制舆论，取消各项自由——叛徒确实防不胜防——可雅典并没有采取任何“攘外必先安内”的政策，或以团结之名铲除异己，甚至也没有像斯巴达一样全民军事化，而是靠民众自发的爱国意识，用相互协商、轮流执政的民主方式，打败了当时不可一世的地中海霸主。虽然其中不乏运气，但这种操作可真是前无古人，后无来者。雅典人，骄傲吧，别管有多侥幸，赢了就是赢了。

马拉松之战成了雅典最辉煌的记忆，参与这场战役的公民被敬称为“马拉松的一代”。

古希腊有个著名的剧作家叫埃斯库罗斯，生前曾多次在竞争激烈的戏剧大赛上夺冠。如此厉害的一个人，死后在墓碑上对自己的艺术成就只字未提，只刻上自己是出征马拉松的一员。由此可见，在这代雅典人的心中，个人才华难以与为自由献身相提并论。

9 / 米太亚后记

位于爱琴海中心的帕罗斯岛曾协助波斯背叛米太亚，且有“变米”倾向。在马拉松战役结束后的第二年，也就是公元前489年，米太亚向公民大会索要70艘战舰，准备去那里秋后算账，让帕罗斯岛人从此不敢再和穿裤子的东方人眉来眼去。

可惜幸运女神这次却没有照拂米太亚，他不但铩羽而归，还受了腿伤。由于索要战舰时没有确切说明用途，回国后的米太亚被指控“欺骗雅典人民”。可见任何官员随时都可以受到弹劾，并没有任何特免权。

米太亚拄着拐杖出席审判，差点儿被判死罪，最后念在他过去的功劳改为重金罚款。不久，米太亚因伤口感染奄奄一息。

随着太阳西沉，屋里的光线渐渐暗淡。各种嘈杂声一如既往地充斥在屋外街道上：有贩夫走卒的吆喝叫卖，有垂髫小儿的嬉笑打闹，还有曼妙少女的朗朗笑声……突然，一声清脆的叫声划破长空，米太亚费力抬头，看到一只雪白的海鸥划过窗户。他想起马拉松战役前的海滩边也有这样一只飞鸟，当时自己身肩重担，无心细观，但那只鸟通体雪白、羽翼丰满，在天地之间盘旋往复。海浪轻轻拍打着沙滩，送来阵阵腥咸的海风，他感到自己像是躺在爱琴海温柔的波浪里，蓝丝绒般的天空越来越近……

一代名将就这样永远合上了眼睛。

现有的米太亚雕像是一个头戴钢盔的男子。他眉眼沉静、目光深邃，仿佛沉浸在对时代的思考中——想想此公对希腊功在千秋，最后竟落得如此下场，让人唏嘘。

米太亚去世后，雅典人感念他在马拉松战役中的英勇，将他厚葬。

又过了几年，良心还是难安的雅典民众决定放逐当年在公民大会上指控米太亚的科桑西普斯（Xanthippus）。

米太亚人走茶凉的经历也发生在英国首相丘吉尔的身上。盟军大获全胜后，丘吉尔就被英国人不留情面地赶下了台。

此举看似薄情寡义，但并未违背民主精神。人生来本就才华各异，战争时期的领袖未必就适合担任和平时期的要职，更何况对政治家多些挑剔也无可厚非：权力本就适合频繁交替。这些杰出人物尽管在后期被人民退了货，但这既不妨碍他们拥有平常人的生活，也不妨碍他们因伟大功绩而名垂青史。

话说雅典人虽打了一场漂亮的大胜仗，但对大流士来说，马拉松所折损的人数还不及公元前 492 年第一次出征时死于风暴的多，因而根本没有损伤到波斯的军事根基。但这些胆大妄为的希腊人严重地伤害了大流士的自尊。他迫不及待地派人给各州各府送信，让当地大规模征兵和囤粮，做好随时配合大军二次出征的准备。这次大流士不再轻敌，而是要竭尽帝国之所有给希腊致命一击。

屋漏偏逢连夜雨，公元前 486 年，埃及爆发起义，同年大流士去世，接着新巴比伦趁机造反。大流士的儿子薛西斯刚登上王位便忙着四处灭火，根本无暇顾及希腊。

老天总算给了希腊一些喘息的时间。

第二次希波大战

1 ／ 薛西斯的大招

公元前483年，波斯军队卷土重来的消息如乌云般弥漫在爱琴海的上空。

薛西斯一方面御驾亲征，一方面怂恿迦太基人（非洲腓尼基人的一支）去攻打希腊在巴尔干半岛外的领土。如之前所说，自公元前8世纪起，意大利南部与西西里岛周边建立了许多独立的希腊殖民城邦。随着这些“青年国家”逐渐壮大，希腊人与那里的原住民迦太基人在领土和贸易上不断产生摩擦，关系日益紧张。薛西斯就是看准了这点，趁机在旁煽风点火：他希望联合迦太基人一起对付希腊，让后者在地中海版图上不复存在。

让我们把镜头先聚焦在希腊本土。

根据希罗多德的记载，急于一雪前耻的薛西斯选择在公元前480年率领528.32万人的队伍朝希腊本土杀来，其中还不包括随行的厨师、太监和妓女（读者如果觉得当时不可能有这样的记载，可自行去查看希罗多德的原文）。现代学者觉得这个数字太过夸张，最多只可能是50万，但无论是500万还是50万，在希腊人看来都是天方夜谭。据说军队之庞大，所到之处每天吃光一个县，喝干一条河。除波斯主力外，随行的还有来自46个国家的民族。能歌善舞的他们可以随时举办一场春晚。

可以看出，此次薛西斯是势在必得，绝不允许再出现任何失误。

但数目庞大也并非全是好处。

离开了波斯的领地后，所到之处的补给成了严重的问题，粮草和药物只能靠波斯船队从千里之外运来。

大军一路北上，还需要穿越达达尼尔海峡。这个狭窄的海峡古称赫勒斯滂，是欧洲和亚洲的天然分界线。

薛西斯唯恐舰队再次遭遇公元前492年的风暴，于是命工匠用铁链拴住无数小船，组成一座连接两岸的浮桥，让士兵步行跨越。无奈这个地方就是一如既往的坏天气，没几天船桥就被风吹坏了。薛西斯一气之下杀了设计师，还命令手下对着海浪抽了三百鞭，并在海中下一副巨型枷锁，让大自然知道谁是这天地万物的主人。

狂妄的薛西斯发泄完怒气，命人重新修建一座近1000米长的浮桥，同时挖出一条2500米长的运河，让军舰并驾齐驱。这项大型工程耗费了整整一年时间完成，彻底解决了穿越此险关的难题。

完工后，薛西斯在山坡上安置了一个可以俯瞰四周的大理石宝座。居高临下的他可以尽情观看士兵有条不紊地穿越浮桥，军舰在海峡里乘风破浪。据说这支庞大的军队花了七天七夜才全部穿越达达尼尔海峡。

面对眼前人马喧嚣的壮观场面，薛西斯扬扬得意，认为希腊已是囊中之物。

想想自己才 38 岁，就能为父王报仇雪恨，还能给所有臣民做个有效的示范——谅谁以后还敢对抗波斯？

不过，无数事实证明，越是如此不可一世之人，历史越是忍不住要给他一个教训。

一开始，无数城邦被波斯的强大气势镇吓，纷纷主动献上象征臣服的土和水，其中包括希腊的北部重地色萨利（Thessaly）和马其顿（Macedon）。它们倒戈后，通往希腊中心地带的道路已豁然开朗。

当薛西斯坐在山坡上，巡视自己的大军跨越欧陆海峡时，希腊这边只有以雅典和斯巴达为首的 31 个城邦歃血为盟，不惜牺牲一切捍卫自由。

这几个原先无关大局的“边陲之地”是否知道它们将一战成名，从此改写历史？

2 ╱ 希腊人的筹备

希腊的反抗阵线由独立平等的城邦自发联盟，一切相关决定通过讨论和协商寻求共识，并无中央政权下达指令。

公元前 480 年，这 31 个希腊城邦聚在一起召开“反波大会”。形势严峻，大家不得不放下私怨，同仇敌忾。比如对立多年的雅典和埃伊纳，猛然发现彼此不仅语言相同，而且吃的都是橄榄和面包，闲来都爱裸体健身，打起仗来都穿短裙而不是长裤，于是借此机会激动得再次握手言和。

长期分裂的希腊如此大规模的结盟在史上不过是第二次。第一次是为了攻打特洛伊，这一次是为了抵抗波斯。

在联盟大会上，斯巴达靠自己积累的战斗威望得到各邦拥护。

无奈斯巴达人英勇有余，谋略不足，加上天性保守，还有严重的拖延症——这毛病在公元前 490 年就已经让人领教了——所以在这场生死大战中，反而是灵活变通、行事果断的雅典人大出风头。

3 ╱ 德尔斐的提示

雅典人可不甘心坐以待毙。旁人还在手足无措时，他们第一时间跑去找德尔斐的阿波罗女祭司——就是那个让吕底亚的克罗伊国破家亡还无话可说的希腊大妈。

这个名扬地中海的通神者送上一段奇文：

危机在地上盘绕，

如若飞升至天地尽头，

战神与火，

将把你摔到地上，

一切都将化为乌有。

公民大会听到这个答案后群情鼎沸，估计不少人在心里大骂：死老太婆，坑完了克罗伊，现在又来坑我们。希腊人与神灵的关系很微妙，虔诚起来言听计从，但若被惹毛也会发飙，不满预言结果的他们又派人去问了一次：

当一切被剥夺后，

宙斯，无所不能的天父，

依然会因你们之故

让木墙屹立不倒。

可这下大家又傻眼了，大妈，您能好好说话吗？

4 地米斯托克利的对策

就在这时，雅典的第二位非凡领袖登上历史舞台，这人名叫地米斯托克利（Themistocles）。当众人疑惑不解的时候，他拍了拍胸脯，称能够破解预言：

木墙指的是军舰，如我们放弃雅典城，依仗军舰在海上作战，必能克敌制胜。

三年前，雅典人在郊区偶然发现一座丰富的银矿。

在公民大会上，有人提议将此财富平分，让每人都捞一笔。如此公平贴心、皆大欢喜的方案，还能有谁反对？还真就有。这就是民主的神奇之处：把一群人放在一起让他们畅所欲言，其结果永远是个未知数，因为说不定就有人提出你做梦都没想到的妙点子。

地米斯托克利就是这样一个人。他独出心裁，力排众议，主张用这笔钱筹建海军，用于当时与埃伊纳岛的战争——因质疑埃伊纳在公元前 490 年第一次希波大战时与敌人暗中勾结，两边就为此打了起来。另外，地米斯托克利还留意到波斯人在希腊附近又是挖运河又是通海峡，其狼子野心昭然若揭，所以必须防患于未然。

当时希腊的海战技能已日渐成熟，最先进的三桨座战船也研发成功并投入运用。这种新式战船体型巨大，可容纳三排各 50 名桨手，可在水上飞快前进和灵活转弯。此外，船头又尖又长，犹如鸭嘴，外面包裹着坚硬的钢铁，在高速滑行下能撞破敌船，致其漏水而沉。

可想而知，如此规格的战船耗资不菲，但地米斯托克利却能劝说雅典人忍住不碰天上掉下的大馅饼，而竭力扩充 200 艘新式战船。更有甚者，与地米斯托克利政见不同、主张重点培养重装步兵的阿提德（Aristides）还被雅典人流放，可见地米斯托克利的手腕有多厉害，是块天生做政客的料。

那么，被赶出雅典的阿提德又是什么样的人？据说两人曾同时看上一个俊美的男孩——当时没有保护未成年人的法律，希腊贵族看多了年轻男性的裸体，很容易产生恋童癖——两人便为此结下了梁子，后来又为发展海军还是陆军在公民大会上针锋相对。雅典著名的陶片放逐法规定可将任何一名官员从雅典驱逐十年，但期满后尽数归还所有资产，并恢复一切原有权益。有学者认为此条例主要为了防止个别政治家权力过大而对民主产生危害，但这个推论在阿提德身上绝对站不住脚。据说当时召开公民大会，投票选择放逐对象时，有一个不会写字的老者问阿提德是否可以帮他在陶片上写“阿提德”的名字，吃惊的阿提德问为什么，老者回答：“我整天听别人说他有多正直，实在不胜其烦。”阿提德虽然无语，但还是耿直地写下自己的名字，黯然离开了雅典。

凭借出众的口才和强大的号召力，地米斯托克利成功地开始了战船制造。当时雅典没有固定的税收制度，公共开支出自富人的荷包。这一次，400 个最富有的人主动承担后期维修和桨手的酬劳。面对他们，今天那些享有特权还偷税漏税的富人和政客情何以堪？政治博弈从来不是简单的武器装备竞赛，而是社会机制的较量。好的制度可以引人向善，反之则会不断沉沦。

适逢 8 月，希腊盟军再次召开会议。

此时此刻，年轻的波斯皇帝已经逼近希腊本土，薛西斯想法简单：率兵一路向西，一把火先烧了雅典，再一把火将斯巴达烧成灰烬。

所谓“兵马未动，粮草先行”，军队的后勤补给在战争中至关重要。希腊人认为对付 50 万波斯大军的最好办法就是让他们饿肚子，只要拖到弹尽粮绝，他们便可不攻自破。盟军的众多统领经过激烈的讨论，选定温泉关（Thermopylae）为陆上关卡，同时海上的防御设在距离不足 80 公里的阿德米斯海岬（Cape Artemisium）。波斯人之前到过的领地已全面沦陷：这两个地点成了阻挠波斯进入希腊的最后机会。若不能守住它们，薛西斯将直捣内陆。

5 ╱ 温泉关恶战

温泉关之名源于这里的地上常年冒着带有气泡的硫黄热涌泉，是传说中九重地的入口。此关坐落在悬崖和大海之间，是一条易守难攻的通道，最狭窄的地方只有一辆马车可以通过。

负责镇守此地的是斯巴达双王之一的列奥尼达（Leonidas），以及 7000 多名来自希腊各城邦的精兵强将。

列奥尼达不但心思缜密，且作战经验丰富，他抢在波斯人之前到达战场，勘察地形，布置哨口，并在最窄的地段加修防御，使整个温泉关固若金汤。

波斯大军抵达后立即发起猛烈进攻，但都被训练有素的希腊重装步兵击退了。

眼看着攻城多日却毫无进展，且伤亡惨重，薛西斯气得破口大骂："朕算是明白了，波斯大军的众多将士都不是男人！"这边的希腊人却气定神闲，斯巴达人每天还在烈日下锻炼身体，然后从容不迫地梳理他们的长发，真是让远处观看的薛西斯活活气死。

可惜好景不长——人类历史上总会出现倾心媚外、卖国求荣的无耻小人，来自马利斯（Malis）的矮费特（Ephialtes）正属于这类。为了荣华富贵，他将温泉关悬崖上一条鲜为人知的山路告诉了薛西斯。

拿到矮费特的投名状后，喜出望外的薛西斯立即派出一支由 1 万名“常胜兵”组成的精锐部队，从悬崖顶端绕到希腊部队的后方，轻而易举地形成前后夹击之势。

后方巡哨的士兵看到波斯人突然出现，慌忙跑去报告，列奥尼达马上意识到队伍里出了叛徒。他稍做思虑，决定让主力军队撤退以保存实力，只留下自愿驻守的 300 名斯巴达勇士、700 名特斯皮埃人（Thespians）和 400 名底比斯人（Thebans），拼死阻挡波斯军队。事已至此，列奥尼达早已将个人安危抛在脑后：除非能侥幸等到海军及时援救，否则绝无生还的可能。

波斯人开始对这一小部分留下的勇士展开排山倒海般的强烈攻击，可盟军士兵却毫不退缩。抱着视死如归的信念，他们干脆放弃狭小的窄道，移到更开阔处奋勇杀敌。

敌人的尸体慢慢堆积成山，连薛西斯的两个兄弟和叔叔也在混战中相继被杀。可波斯士兵依旧源源不断地涌入，最后希腊将士们的长矛都断了，只能用随身携带的匕首和敌人贴身肉搏。

如此耐打的希腊人让薛西斯目瞪口呆。眼看拖延下去占不到便宜，便命令士兵大规模使用弓箭。站在最前排的斯巴达国王列奥尼达不幸身中数箭，骤然倒下。

列奥尼达出生在王室，上面有三个哥哥。按照王位继承的排序，原本轮不到他。他没有因为特殊身份而留在宫中长大，而是小小年纪便和普通斯巴达人一起在野外接受严酷的军事训练。不料他的哥哥们全部意外死亡，王位落在了他的头上。谁又曾料到，这个“替补”国王会在花甲之年领兵出征，担起抵挡波斯的重任？

上天绕了个大弯，最终不甘让列奥尼达在历史上默默无闻，而出身高贵的他也没让祖上蒙羞：他战死在温泉关，用自己的生命阐述了何为“既戴王冠，必受其重”。

列奥尼达倒下后，双方都竭力争夺他的尸体。经过四次激烈的厮杀，希腊将士终于抢回国王，并好生安葬了他。

可惜到了最后，矮费特率波斯人攻破了所有的防线。退回到山坡上的希腊人只剩下匕首，等匕首都用完了，士兵就用血肉之躯继续厮杀。除了可恶的底比斯人提早投降外，被包围的300名斯巴达勇士和700名特斯皮埃人奋战到底，无一人逃亡，直到被波斯人密密麻麻的飞箭全数射死。

在列奥尼达倒下的地方，铸刻着一段令人刻骨铭心的铭文：

> 来往的过客，请告诉斯巴达，
> 我们的勇士在此地长眠，
> 生前从不敢懈怠对家国的职责。

值得彪炳史册的不止死去的300名斯巴达勇士，还有由德莫菲（Demophilus）带领的特斯皮埃人，他们同样为捍卫希腊的自由付出了宝贵的生命。而损失700人对他们的城邦来说，可谓重如泰山。

至今温泉关还屹立着一头纪念斯巴达人的石狮子，以及一座属于特斯皮埃人以及首领德莫菲的纪念碑。大家如若路过，切莫忘了去凭吊。

6 ╱ 海上的较量

希腊海军到底遭遇了什么？不是说好在阿德米斯和温泉关共同作战、海陆相互支援吗？

统领联盟水师的是斯巴达大将欧里比亚德斯（Eurybiades）——虽然雅典的海军称雄希腊，可谁让战斗民族威望在外、众望所归呢？

希腊军舰到达阿德米斯海岬时，吃惊地发现波斯人已捷足先登了。尽管之前已有400余艘波斯船舰被风浪摧毁，但剩下的舰队依然规模庞大。保守的欧里比亚德斯见状立刻提出放弃此次行动，撤回伯罗奔尼撒老家。这可把居住在阿德米斯附近的埃维亚人（Euboeans）急坏了：此举岂非把自己的老窝拱手送给敌人？他们听闻地米斯托克利能言善道、诡计多端，而且还是雅典公民大会的宠儿，便偷偷凑来30泰伦特的银子，试图让他劝说欧里比亚德斯坚守。“商业天才”地米斯托克利二话不说将钱愉快地收下，仅拿出其中的六分之一，即5泰伦特向欧里比亚德斯行贿，剩下皆占为己有。苦孩子出身的欧里比亚德斯虽然眼皮子浅，但对这点儿钱毫无抵抗力。收了贿赂的他180

度大转变，同意留下作战。而波斯大军估计之前抽海水鞭子而得罪了海神，开战前遭遇风暴，状态不佳。双方在阿德米斯展开的几次小规模交锋都不分胜负。这时温泉关失守的不幸消息传来，希腊水军不得不先转移到萨拉米斯岛，再寻对策。

之前德尔斐预言的“拯救雅典人的木墙”如果指的是军舰的话，还真应验了。温泉关失守后，波斯大军在陆地上再无障碍，得以高歌猛进，直逼雅典。眼看敌人即将兵临城下，雅典人只能暂时弃城，坐船而逃。唯有少数长者选择留下，誓与雅典共存亡。波斯大军抵达后，他们退入卫城，试图严防死守。但波斯军队射出了铺天盖地的火箭，并借一块巨石攀上了卫城的围墙。眼看敌人已近在咫尺，绝望的留守者要么干脆跳下城墙自杀，要么躲进雅典娜的圣殿里寻求庇佑——按照希腊人的习俗，遇险之人可躲进神庙寻求不死。但杀进来的波斯人哪管什么宙斯还是雅典娜，他们不仅杀了所有在场的人，还将圣殿里的宝藏洗劫一空，最后一把火烧了整个卫城。

大批坐船撤离的雅典人此时遥望身后，不远处的故乡已火光冲天，大火吞噬着他们世代守护的家园和敬奉神灵的庙宇。屈辱、恐惧和绝望像极了环绕卫城的火焰，燃烧着他们的五脏六腑。

温泉关和阿德米斯失守，雅典沦陷，卫城被毁，希腊人除了饱尝国破家亡的凄楚，还有蚀骨的绝望。

可地米斯托克利偏偏是个为乱世而生的豪杰，他临危不惧，安抚民心，鼓舞士气，把危难看成老天赐予自己大显身手的良机。他带领大家撤退到附近的萨拉米斯岛，并在那里继续召开公民大会。波斯人的杀戮逼雅典人坚强起来：只要民主机制不倒，雅典自然也不会亡。

此时盟军内部产生了重大分歧，海军主帅欧里比亚德斯主张继续撤退到科林斯海峡，与在那里修建防卫的陆军会合，建立新的战线。地米斯托克利则坚持在萨拉米斯岛就地开战，因为附近水道狭窄，可以逼迫波斯船舰分批前行，削弱其数量上的优势，而希腊军舰则更善于在狭小空间里灵活穿梭。

可别忘了，希腊团队是个互相协商的多邦联盟，空有好主意不行，还要能说服别人。

面对一向犹疑不决的欧里比亚德斯，地米斯托克利这次早早地准备好了说辞：

> 我向阁下保证，接下来的海战将一决胜负！如若此时盟军撤离萨拉米斯岛，将会让希腊功亏一篑。我们必须留在萨拉米斯岛，借助此地的地理优势背水一战。阁下最好认真考虑我的建议，否则雅典公民和我们的150艘军舰将全部转移到意大利南部，彻底退出此次行动。

尽管名义上是欧里比亚德斯主事，但他总在关键时刻被能说会道的地米斯托克利牵着鼻子走。

其实薛西斯完全不需要在萨拉米斯岛滞留，直接北上科林斯海峡与希腊人正面开战，便可施展波斯的实力。据说薛西斯在商讨何去何从时，他身边唯一的女幕僚就如此建议。别看波斯人等级森严，但还是允许个别出身高贵、富有智慧的女人在皇帝身边出谋划策。

薛西斯正犹豫着，地米斯托克利靠第六感隐隐觉得波斯人可能正打算离开萨拉米斯岛，让他的计划泡汤，于是便派人给薛西斯送去一封信：

> 希腊统帅地米斯托克利谨祝陛下安康，我们的人现在万分恐惧，准备逃跑。投降派和抵抗派互不相让，剑拔弩张，在下认为这是陛下进攻的最好时机。地米斯托克利遥祝波斯帝国大胜！

老狐狸地米斯托克利打着左右逢源的如意算盘：如果此战得胜，自己便是全希腊的英雄；反之，则可以向薛西斯邀功。好大喜功的薛西斯怎能逃过这样的诱饵？他决定留在萨拉米斯岛，向盟军开战。

7 ╱ 萨拉米斯之战

日出东山，坐在大理石宝座上的薛西斯被随从簇拥着，俯视下方狭窄的萨拉米斯湾，那里的1000艘波斯战舰和150艘希腊战舰正虎视眈眈地对峙着。双方剑拔弩张，大战一触即发。

护卫波斯左翼的是300艘腓尼基战舰，对抗它们的是200艘雅典战船。波斯人栖居陆地，不善水战，因而将水军主力之位交由常年在海上奔波的腓尼基人，而雅典的水上优势则不必多言，所以这一边是强强对抗；而右侧则是斯巴达和埃伊纳的135艘战舰抗衡500艘归顺波斯的伊奥尼亚战舰。

随着一声令下，训练有素的希腊水手开始率先行动，他们大吼：“同心协力，热血抗敌！”

敌人也不甘示弱，用波斯语发出怒吼。两边的呐喊声冲破云霄。

双方短兵相接后，波斯的两翼立刻受到围剿。在地势狭小的海峡里，前面的战舰无法后退，后面的战舰无法前行，自家战舰频频互撞。在混乱中，它们有的被坚硬的希腊战舰击中，有的被自己人误伤，士兵们如没头苍蝇般无所适从，阵脚大乱。

一边是水土不服、长途跋涉的远征者，另一边是同仇敌忾、破釜沉舟的复仇者，当两者一对一较量时，失败的种子便已被埋下。据统计，波斯共被击沉 300~400 艘战舰，而希腊只有其十分之一。

萨拉米斯之战成了整场战事的转折点：它及时制止了波斯人入侵的步伐，让他们在侵占雅典之后无法再前进至斯巴达的所在地——伯罗奔尼撒半岛。

还记得在一旁观战的薛西斯吗？他眼睁睁看着左翼的顶级腓尼基战舰全数被歼，看着右翼的伊奥尼亚战舰逃之夭夭，看着自己的亲弟弟不幸阵亡，看着波斯人哭爹喊娘……年纪轻轻的他估计连心脏病、脑出血什么的都要有了。

在萨拉米斯湾，薛西斯实实在在演绎了什么叫输得一败涂地。

第二天晚上，波斯大军偷偷摸摸地连夜从人造船桥上撤退。

地米斯托克利打算乘胜追击，却遭到欧里比亚德斯的反对，后者认为不应该铤而走险，重蹈波斯的覆辙。

可以看出，作为将领，地米斯托克利爱铤而走险，欧里比亚德斯则谨慎保守。这次两人的优点在萨拉米斯之战中相得益彰，完美发挥，让侵略者乘兴而来，败兴而归。

狡猾的地米斯托克利又偷偷向急于逃跑的薛西斯示好：“陛下，我悄悄给您放了行，将来别忘了这个人情！”地米斯托克利真是时刻不忘左右逢源，给自己留好退路。谁料此举还真有先见之明，在不久的将来，他被斯巴达人指控勾结外人，随后被雅典公民大会放逐，无奈只能“变米”投靠波斯，做了薛西斯的下属，并在敌国度过晚年。

政治家历来分好几等：内圣外王、德才兼备的属上乘；办事得力但品行不端者次之；人格高尚但能力欠佳者再次之；最烂的是卑鄙无耻的草包，把世界搅得天翻地覆，本身还龌龊肮脏。

公元前 5 世纪初，领导雅典的所幸都是前两类，比如米太亚和地米斯托克利，前者光明磊落、一身正气，后者爱财如命、老奸巨猾，但品德上的缺陷不能抹去地米斯托克利对雅典的杰出贡献，所谓瑕不遮瑜。可惜到民主后期，出现的都是后两类政客，个个成事不足，败事有余。

波斯军队狼狈而逃，后勤无法在第一时间提供补给，大队人马只能一路吃土。到达安全地带后，又开始暴饮暴食，导致很多人肠胃失调、水土不服，再加上担惊受怕，竟在撤离的路上死伤无数。

马多尼想要继续作战，但薛西斯已经崩溃了：“老子要回家，不陪希腊人玩了！”

其实若能坚持下去，凭波斯的实力，拿下希腊是早晚的事。俗话说，成败乃一念之间，这当中拼的就是九死不悔的执着信念。

离开色萨利之前，薛西斯留给马多尼一些人马让他收拾烂局。马多尼思前想后，觉得用荣华富贵来招安才是上策。于是他主动联系雅典，承诺众人只要愿意归顺波斯，就协助他们重建家园，并不干涉雅典的民主自治。

马多尼得到的回复是：

> 好大胆的波斯！你们习惯作威作福，奴役他人，践踏自由，仗着武力强权和富有四海为所欲为。不久前你们刚烧了我们的神殿和故土，现如今又想要收买雅典人。做梦都别想！

马多尼听后跑到空空如也的雅典，又放火烧了一遍那里的废墟泄愤。“放火烧山，牢底坐穿”，大家千万不要学他。

无家可归的雅典人度日如年，盼着斯巴达快点发兵北上，击退马多尼。

但斯巴达督政官对雅典使节每次都推三阻四。自己家没被烧，有什么好急的？——祖传的斯巴达拖延症又犯了。被逼急了的雅典人放出狠话：“再不出兵，我们就走人，等着敌人一路杀到伯罗奔尼撒。你们自行应付吧！”

等雅典人发出最后通牒时，斯巴达官员突然满脸堆笑：“为何对我们如此没有信心，告诉你一个好消息，我们的部队已经准备就绪，现在就可以出发了。”这么巧？怎么不早说？

领队的将领名叫保萨尼阿斯（Pausanias）——他在列奥尼达国王战死温泉关后，被任命为摄政王。带领雅典士兵的是当年因太正直而被放逐的阿提德，他因大战之需被招了回来，此番专门协助地米斯托克利一起抵御外侮。这二人当年因意见相左成了政敌，但于国家危亡之际，却摒弃前嫌，并肩作战。如此深明大义而又一笑泯恩仇者，乃真英雄也。

8 / 普拉提亚城

第二年，希腊组织了一支联合陆军。这支有史以来最庞大的军队有 40 000 名重装步兵（其中包括 8000 名雅典人和 5000 名斯巴达人）、5000 名轻装庇里阿西人和 70 000 名来自其他城邦的轻兵。

马多尼听闻希腊人倾巢出动，便将波斯人马转移到雅典以北的波奥提亚（Boeotia）——此处地势开阔，有利于骑兵在平地上横冲直撞。

针对此种情况，希腊人选择驻扎于山丘，希望凭借陡峭的地势削弱波斯的冲击力。

思路是没错，只可惜希腊人没读过《三国演义》，不知道“司马昭被困铁笼山”的典故。《孙子兵法》中说过：“我可以往，彼可以来，曰通。通形者，先居高阳，利粮道，以战则利。”占据高地时唯有确保粮道畅通才有优势，反之，则是“四面围困，军心惶惶”。两军对峙了七天，希腊将士们不仅饿着肚子，还饱受波斯骑兵频繁骚扰。统帅保萨尼阿斯拼命求神问卦，但答案都是切莫轻举妄动。直到第八天，500 匹驴子辛苦驮来的补给被波斯人全数截获，才迫使他略有作为。

保萨尼阿斯令大军先退到平原，驻扎在河流和普拉提亚城的中间——那里既近水源，又因此不易被骑兵骚扰——然后继续观望。

面对这样一位优柔寡断、思路不明的统帅，陆军联盟早已人心涣散，如一盘散沙：有人直接退进了普拉提亚城，有人固守阵地拒绝后退，有人打算继续观望再做决定，还有人准备背叛盟军，投靠波斯……一瞬间，民主的乱子全窜了出来。马多尼估计就是在等希腊人自行土崩瓦解、四分五裂。习惯了在专制制度里作威作福的大老爷巴不得看民主社会的笑话。

东方渐白，雅典和斯巴达还在进行固定的每日一吵。他们正为谁率领阵线的左翼和右翼而闹得不可开交——双方都想和波斯最精锐的队伍正面交锋而大出风头，但又猜不透对方的兵力布置。最后，斯巴达的 5000 名主力被安排在右翼，雅典的重装步兵则在左翼。两队人马在撤退到一个陡峭的山脊时临时分开，而此时蛰伏已久的马多尼看准时机，亲率大批弓箭手围攻以斯巴达人为主的盟军右翼，并派希腊雇佣兵攻打盟军左翼。

保萨尼阿斯见状急下令撤退，就地宰杀肥羊，观察其内脏是否有祥兆——真是迷信害死人！而此时，波斯军队已经用盾牌组成防线，向希腊盟军铺天盖地地射出箭矢。眼看要被扎成刺猬，一旁的忒革亚人（Tegeans）不管保萨尼阿斯，擅自冲了出去。

就在这时，羊腹内突现吉兆，大军总算可以进攻了！

此番，马多尼率领波斯 10 000 名骑兵和 10 000 名“长胜兵”与斯巴达精锐将士的厮杀最为激烈。

希罗多德说过，波斯人的英勇不逊于希腊人，可惜输在了装备和素质上。

希腊重装步兵的压倒性优势与经济体制关系密切。就城邦而言，军事装备由个人自行筹备，而非靠政府发放。因太穷而无能力购买盔甲和马匹的人就只能当轻装步兵。希腊可以拥有大量重装步兵，说明社会上中产阶级比例大，财富没有过度两极分化。以雅典为例，日常财政开支由富人承担，军事防御和社区管理则由公民共同参与和执行，政府因此没有理由和借口征收赋税（特殊情况除外），也无设置庞大的官僚机构的必要。波斯则正好相反，王权的根基来自对资源和兵力的强征暴敛。在这个等级分化的体制里，底层的波斯士兵无法负担精良装备，也没有希腊士兵那么强烈的荣誉感——只有公民才有资格履行这项既无薪酬又极度危险的重要职责。不仅如此，通过平日的训练和接触，城邦将士之间友情深厚，配合默契，而斯巴达人更是从小刻苦训练，无一刻松懈。面对这些素质出众又能同甘共苦的武士，波斯人如何与之抗衡？

在战斗民族斯巴达的猛烈攻击下，没多久马多尼被杀死，他身边的精锐也无一幸免。

在马拉松，斯巴达人因迟到而错过。

在温泉关，尽管300名斯巴达人英勇可嘉，但还是以被团灭告终，没有打败敌人。

在普拉提亚，保萨尼阿斯总算让战斗民族实至名归。

马多尼死后，波斯人群龙无首，他们刚撤到一道栅栏之后，不幸又遇上突破重围前来支援的雅典人。杀红了眼的盟军爆发出凶猛的战斗力，将栅栏捅出一个缺口，直接冲到敌人眼前。这下，被团团围住的波斯军队前拥后挤。混乱中，几千人被围困在一块狭小的地盘，如瓮中鳖般被一举剿灭。

据希罗多德记载：此一役，波斯军存活下来的不超过 3000 人，而希腊盟军共阵亡 159 人，其中斯巴达 91 人，忒革亚 16 人，雅典 52 人。

9 ╱ 伊奥尼亚海战

这还不算，同日，希腊战舰在伊奥尼亚地区也赢得了一场空前大胜，彻底摧毁了波斯海军。

当时联盟水军在另一位斯巴达国王列奥提西达斯（Leotychidas）的带领下，听从萨摩斯岛（Samos）人的建议，包围了停泊在那里的波斯战舰。这群萨摩斯岛人一开始投靠波斯，待局势逆转后，又马上“弃暗投明”。

刚被胖揍的波斯人又看到希腊士兵，开始吓得条件反射，连交手都不敢就退到了小亚细亚南岸的米卡里岛（Mycale）。他们先与陆军会合，并修建了防御堡垒，还将战舰连成一排搁浅在水面上。这缩头乌龟般的防守姿态，绝不是波斯帝国该有的。

事实上，雅典水师的实力还真是被高估了。

大家不妨想想雅典的新型海军是什么时候建立的。

从公元前 483 年发现银矿到大力发展海军，不过三年，经验和资历都尚浅。只是刚刚经历连续惨败的波斯人被希腊盟军打出了心理阴影，一看到穿裙子的对手，膝盖就哆嗦。

逼近米卡里岛的希腊人探觉出敌人的慌张，便冲着波斯大营叽里咕噜地叫喊，让里面的伊奥尼亚人尽快反水。一句也听不懂的波斯人吓得遣散了身边所有祖籍希腊的士兵。显而易见，用利益和恐吓建立的友谊随时会翻船。

紧接着，马多尼在普拉提亚城被杀的消息传到了萨摩斯岛，真是天助希腊！

于是，盟军决定由雅典人正面迎战波斯军队，领军的是雅典的科桑西普斯。此君当年曾在公民大会上指控米太亚“欺骗人民”，后遭放逐，现在迎来了政治生涯的第二春。

他生怕被斯巴达抢了功劳，带领雅典重装步兵率先冲破了敌人的防线，杀了对手一个措手不及。

约定好绕到波斯身后的斯巴达人此时刚刚到达，这下两路人马前后夹击，彻底摧毁了波斯人建立的堡垒和营地，并将停靠在岸的波斯战舰尽数烧毁。墙倒众人推，萨摩斯岛人和伊奥尼亚人开始大胆背叛波斯，负责看管撤离路线的米利都人也在关键时刻给了波斯人致命一击：熟悉地形的他们非但没有带波斯人逃到安全地带，反而将其带回前线，送到希腊人刀下。

公元前 479 年的普拉提亚城和米卡里岛这两场战役将波斯人彻底送上漫漫回家之路——如果他们跑得够快的话。

无巧不成书，在米卡里岛之役的同一天，远在千里之外的西西里岛上的希腊分支也大败迦太基人。

还记得被薛西斯蛊惑去攻打希腊殖民地的他们吗？原本计划前往意大利南部夹击希腊的迦太基人出师不利，先是在海上遭遇风暴，接着在西西里岛被叙拉古和阿格里真托（Agrigento）两个城邦的联军打得落花流水：原先他们还能与希腊人在西部地区抗衡，现在连存活下来都要感到庆幸。

在这神奇的几日里，波斯各种惨败的样子让人不禁想给薛西斯送一副对联，上刻："波斯战希腊，船桥虚设，伏尸百万；长裤斗短裙，以多负少，吃土而归。"横批为："辱国丧师。"

至此，曲折离奇的希波大战终于落下帷幕。

10 ／ 古典时期的诞生

希波大战的长期效应就是地中海在权力布局上重新洗牌：斯巴达和雅典成了希腊大陆的霸主；西西里岛上的希腊人掌控了西部领地；而伊奥尼亚则摆脱波斯，再次独立。

回望这场历时数十载的战争，谁能料到四分五裂的希腊竟让强大的波斯帝国一败涂地？力挽狂澜的米太亚、与时间竞赛的菲迪皮德斯、聪明狡猾的地米斯托克利、视死如归的列奥尼达，还有无数保卫家园的战士，他们的英勇和热血让自由和尊严得以延续。

这个结果除了运气和人为因素外，更有深层的制度原因。

波斯看似一个统治无数臣民和属邦的强大帝国，但至高无上的皇权骨子里倚仗的只有两样东西：暴力和暴利。遇到不听话的就打，遇到听话的就给好处，直到所有人都屈服。这样的方法尽管表面看上去十分有效，但长期的高压管制，遏制了个体即兴发挥和灵活应对的能力，一旦遇到突发状况，就变得不堪一击。

希腊的独立自治、平等协商则完全不同。虽然其结构看上去小而散，但在表层下面，却隐藏着独特的韧性和活力，因此十分耐打。这些特点被欧洲人全盘继承。整个欧洲历史就是以四分五裂、民族分离为常态，但这并不妨碍西方的总体发展和创新，而且还越“乱”越有生命力。因此，希腊战胜波斯帝国，也并非完全偶然。

死者已矣，对于那些死去的将士来说，追究谁好谁坏无以挽回他们无辜的生命。但如果硬要给这场恶斗寻找价值的话，只能说它让雅典独特的民主文化得以发扬光大。不同于斯巴达的闭关锁国和集体主义，雅典的民主开放结合了对多元性的包容和对个体的尊重：一方面它欢迎外邦人和移民，还一度授予他们公民身份，另一方面它对民众的私人生活不予干预，任由他们自由选择职业和组建家庭。男性公民除了需接受两年军事训练和保卫城邦外，不受其他限制。最重要的是，这个自由世界无论在战争、经济还是艺术上，都不逊于专制帝国或专权社会，以实践和行动证明了民主的优越性。

著名的雅典政治家伯里克利在他著名的演说里提到，雅典的伟大在于将个人的利益和集体的荣辱完美地结合。自由的营造并非靠随心所欲，它同样需要隐忍和付出。说到底，城邦的核心不是军队、财富或建筑，而是一个全力维护每个人的共同体。这个共同体依靠的不是圣贤或伟人的深明大义，而是广大公民的参与和投入。只有这样的民主政体才能确保一切无私的付出和努力不被少数当权者拿去挥霍，徒增剥削和滥权，而是确确实实地改善整体机制，维护平等和互助，让所有个体拥有最好的环境，活出他们应有的样子了。

CHAPTER 6

才情绝代

第 6 章

从一般的标准来看，希腊如此弹丸之地，在黑暗时代组团攻破特洛伊，在古风时代末期大败波斯帝国，已经够优秀了，可是希腊人却偏嫌不够，他们说：尽管我们人数不多，在古代历史里时间不长，但除了用兵如神、爱自由如生命、治城邦若烹小鲜外，我们还才华横溢，人文气质爆表，一不小心就创作出了流芳万世的佳作……就不给别人活路。

确实，古希腊的光芒不但来自其神话和历史，还有文学和艺术。

之前的内容因涉及真实历史事件，讲述时须有所节制，不宜掺入过多个人评论。

但希波战争讲完后，古希腊史的上半部总算告一段落。

在下面讨论文学的篇章里，本人要好好释放一下，将一直压抑着的主观想法和感受尽情表达。还要好好推荐一下我喜爱的作者，狠狠踩一下我讨厌的。

古希腊作品的最大特点就是生动活泼、感情丰富、昂扬澎湃。害得笔者每每读这些字句就会情不自禁，一会儿像花痴般傻笑，一会儿又气得拍桌子骂人。

不知大家是否和我一样？

诗词大家

首先讲讲情与爱。

当年第一次读到古希腊情诗时就被惊艳到了。

大家知道，中国人对欲望的表达有一套自己的独特方式：除了最早有一篇直白、勇敢的“关关雎鸠，在河之洲”外，接下来几千年对情感的态度基本有两个：含蓄和示惨。什么欲说还休，什么犹抱琵琶半遮面，什么人生空断肠，什么凄凄惨惨戚戚，不胜枚举。

作为华夏好儿女，笔者自然也懂得欣赏这份婉约矜持之美，但看多了有时难免肠子痒痒。

1 ／ 萨福的表白

那么，希腊人是如何对待情欲的？人家光明正大地供奉着无比强大的爱神阿芙洛，因此可以大胆地倾诉，绝不忸怩作态。

我们来看看女诗人萨福（Sappho）写的几句诗：

爱欲之神将我的心掏空：
有如狂风吹打荒岭，
有如大树连根拔起。

就问这个带不带感？

这位古希腊最早的女诗人萨福生活在公元前7世纪末，也就是前面提到过的古风时代。而我们要再等1700多年，才能听到广为人知的中国女诗人李清照写下“才下眉头，却上心头”。萨福不但在时间上占了先机，在题材上也走在了前沿。不错，她不但创作了大量露骨的爱情诗，而且思春的对象是女性。因为萨福住在莱斯波斯岛（Lesbos），因此在英文里，拉拉被称为莱斯波斯人（Lesbian，又译作“蕾丝边”）。

让我们欣赏一下她写给意中人的诗：

不朽的阿芙洛，宙斯的女儿，满腹计谋的天神，
我向你祈求，不要用痛苦和悲伤将我的心扯碎。
当你再次听到我绝望的声音时，请如往常一般
暂别你父王的宫殿，屈驾到我身边，
驾着你金色的战车，
让娇美的喜鹊为你开路。
它们拍打着翅膀，
穿越黑色的大地，

从碧落到人间，

到我面前轻快地飞翔。

万能的女神，

你的脸上带着永恒的微笑，

询问我这次呼唤你的缘由。

萨福，你这痴情种又看上了谁？

又需要我将何人推入你的怀抱？

谁又伤了你的心？

如果她现在逃避，不久她就会投怀送抱，

如果她拒收信物，不久她会殷切给你献上，

如果她不曾理你，不久她就算不愿，也会沉沦。

是的，强悍的爱神阿芙洛，快到我身边，将我从这煎熬中解救。

让我心中的欲望得以实现。

在爱的挣扎里做我最坚定的战友。

如此露骨的诗句，读起来却一点儿也不妖艳，反而很纯情。

让我们再看一首：

那个男子如天神般幸运，

他坐在你对面，

聆听你温柔的话语

还有你动人的笑声，

我的心已为你沦陷。

我的舌头发不出任何声音，
我的眼睛看不见任何东西，
我的耳朵里全是旋转的鸣音，
一把娇羞的火在我的皮肤下燃烧。

一阵冷汗将我湿透，
我的身体开始抽搐，
我比路边的野草小花还无力，
仿佛离死亡不远。

这首诗充满了对肉体的描写，但毫无色情之感。古希腊人向我们展现了如何自然地面对情欲，却依然可以很高级。

萨福最出名的，也是我最喜欢的，是这首诗：

不同的人说骑士、步兵或军舰是世上最美丽的，
我却不苟同，应该是我们心中最爱的那个人。
这答案不容辩驳，人间最美的海伦就是例子。
她将丈夫抛弃，
对自己的孩子和父母不管不顾，
私奔去了特洛伊，

只因多看了他一眼，

就被爱神阿芙洛的力量蛊惑，

……（缺句）

她让我想到阿娜托瑞亚（Anactoria）已不在我身旁，

我宁可看她行走时可爱的样子和她投来的闪亮目光，

而不是吕底亚的战车或武士。

从荷马时代开始，武力争斗就是贵族生活的一部分。到了古风时代，希腊邻国纷纷招兵买马，军事竞争日益激烈。受这些因素的影响，斯巴达走上了全民武装之路，其他的希腊城邦也将军力筹备放在首要位置。对战争的推崇同时加强了父权的主导地位，但付出的代价却是将血腥和压迫带入日常文化。萨福拒绝服从这个主流观点，非要将爱神的地位排在战神之前，将情感的欢愉放在蛮力征服之上。爱情的终点是精神和灵魂相互吸引和依托，非暴力所获得的单方面快感可比。

除了情爱，最直击人心的诗歌当然绕不过死亡，还有象征死亡将近的衰老。

2 / 死亡和衰老

有一位叫米姆奈尔摩斯（Mimnermos）的诗人写道：

当璀璨的爱神已离去，此生还有什么意义？

就算末日苦多，也不要让我对女孩迷人的眼神、
温柔的双臂和她令人痴迷的青春无动于衷。
当不堪的衰老来临时，曾经俊美的少年脸上爬满皱纹。
他被男人厌恶，被女人嫌弃，
心被忧伤压迫，明亮的阳光不再带给他快乐。
掠夺人类青春的神灵最是无情！

原来古希腊人也懂“色衰而爱弛”，不过这个领悟不仅困扰着女性，还有男性，至少还有点公平可言。

此外，米姆奈尔摩斯还写下：

我们珍爱青春的短暂绽放，
它有如在春日里贪婪生长的娇柔嫩枝，
可神明的旨意难知好坏。
在我们身边，凄惨的老年或幽暗的死亡
在黑色的土地上盘旋着。
生命之花犹如清晨的阳光，转眼即散。
当身姿不再矫健时，活着不如死去。
我们的心被撕碎，家园被贫瘠掩盖。
有人一生想要儿子，但最终无后而逝；
另一个被疾病折磨而死，魂归不见天日的九重地。
这世上无人能躲过
宙斯所撒下的无穷苦难之网。

对人生之短暂和无常的思考是中国文学的长处，米姆奈尔摩斯的诗被翻译后，虽比不上中国古诗的无限悲怆老练，但也有些“念天地之悠悠，独怆然而涕下”的味道。

另外还有一位有名的底比斯诗人，名为品达（Pindar），他被选为“古希腊九大抒情诗圣之一”，以创作赞美运动冠军的《祝胜歌》而闻名。之前提到古希腊人在公元前776年创立了第一届奥林匹克运动会，此后这个传统被发扬光大，定期在各地举办活动。

这首诗就是写给一位在德尔斐的皮提亚（Pythia）大赛上获胜的选手的：

> 岁月无情：
> 人为何物，亦非何物？
> 不过是梦中之影。
> 但若神灵将夺冠的殊荣恩赐，
> 夺目的光芒将停在此人身上，
> 他的平常日子也化作福祉。

品达的诗依然停留在荷马世界里那个人神共处的宇宙。

但在他生活的古典时代，即公元前5世纪，理性思维开始盛行，“逻辑”和“论据”被追捧，滋养神话和诗歌的多神教受到质疑。传统文化的衰退犹如箭在弦上：这个绚丽多姿、灵动纯真的古风时代终将随风逝去。

古希腊悲剧

介绍完抒情诗后，必须认真聊聊悲剧。

古希腊悲剧的突出特征就是它的口语形式和公众性，它的创作过程并非像我们熟悉的现代形式：一个不食人间烟火的作家握着笔或敲打着键盘，独自完成一部盖世巨作。

悲剧、喜剧和讽刺剧都是进行宗教庆典时演出的舞台节目，有纪念神灵的意义。相关仪式和活动对全民开放，其观众主要为前来朝拜的三教九流和贩夫走卒。此外，当时的古希腊会读写的人凤毛麟角，平日里很少用到书面文字，因此戏剧的创作采用大量的人物对话，效果比旁白的叙述更生动和富有张力。照理说这个以普罗大众为基础、以口语为形式的文学样式难免会有些 low（低级），但事实恰恰相反，古希腊悲剧的高度和深度可谓后无来者。

被完整保留下来的古希腊悲剧都来自一个城邦——不错，就是文青聚集的风雅宝地雅典。那里一共出了三位悲剧大家，分别为埃斯库罗斯、索福克勒斯和欧里庇得斯。这三位剧作家与九位抒情诗人一样，年代上跨越了本书所涵盖的古风时代和古典时代。

埃斯库罗斯最出名的悲剧叫《奥瑞斯提亚》（*Orestia*），讲的是孟农的儿子奥雷斯蒂斯（Orestes）为父报仇、亲手弑母，然后面对审判的故事。

1 ／ 无法忘却的伤痛

不得不说，埃斯库罗斯的文字举世无双。

我当年读书之时，曾被古希腊语虐得生无可恋。古希腊人的随性也发挥在自己的语言上：名词的词头可以变，词尾一定变，每个动词有好多个时态，但没一个是符合常规的，还有各种杂七杂八的副词，有时起大作用，有时纯属装饰，总之就是变态至极。那段时间天天想撞墙，但一读到埃斯库罗斯的文字又沉默了。他的古希腊文高贵古朴、苍劲感人，美得不可方物，让人觉得古希腊语再没人性也值得学。

人美心善的我要跟大家分享埃斯库罗斯最被人称道的一段诗句。

这段优美的文字出自《奥瑞斯提亚》——古希腊悲剧里除了主角外，还有一个多人组成的合唱团——在此剧里，城邦里的老年公民化身为合唱团。作为一群旁观者，他们针对弑母惨剧吟唱道：

甚至在沉睡的梦中，
无法抹去的伤痛
依然缓缓流淌，一滴又一滴，滴在心头。
直到
在漫无尽头的绝望中，
我们不顾声嘶力竭的呐喊，
神灵用不可思议的恩典
将智慧的灵光
强行埋入魂魄的深处。

这一段文字之所以出名，是因为肯尼迪总统的弟弟罗伯特·肯尼迪在马丁·路德·金遇刺身亡后将其引用。

1968年4月4日，致力于种族平等与世界和平的美国黑人领袖马丁·路德·金遇刺身亡。同日，第一时间获得此消息的罗伯特·肯尼迪在发表演说时宣布此噩耗。面对悲愤无比的听众，其中包括不少眼里燃烧着怒火的非裔，罗伯特·肯尼迪脑中浮现的首先是埃斯库罗斯的这几句诗。

20世纪60年代的美国与公元前5世纪的古希腊完全不一样，但当仇恨撕出血肉淋漓的伤口时，刻骨之痛或许也能感同身受。

多少年后，我一直在思考，对当年的雅典人和后来的罗伯特·肯尼迪而言，最后一句里的"智慧"指的究竟是什么？

没有标准答案，每个人的解释都会不同。

我想是一种隐忍，就是明明心在滴血，伤痛在骨子里燃烧，敌人在得意叫嚣，却依然拒绝仇恨，拒绝复制暴力，拒绝用杀戮来消除分歧。

如果对民主坚信不疑，那么所有异见者有朝一日终会相互理解，和平相处的梦想将永远不灭。

越是崇尚自由，就越会懂得抚平伤痛、杜绝仇恨的必要。

当无第二条路可行时，那无法忘怀的悲痛就只能带给我们涅槃重生的智慧。

就在马丁·路德·金遇刺身亡五年前，深受他的影响而支持反战和平权的约翰·肯尼迪总统——罗伯特·肯尼迪的亲哥哥已遇刺身亡。在公开诵读了埃斯库罗斯的诗句后两个月，罗伯特·肯尼迪也遇刺身亡。

崇尚暴力的人一定会觉得还是子弹最有效，而诗词毫无用处。

但曾几何时，美国却慢慢走出了当时的困局，不但从越南撤军，还结束冷战，并在法律上通过了种族平等的条例。尽管不同族裔之间的摩擦依然存在，但保护少数族群、发展多元社会的主流趋势已定。

有人觉得肯尼迪家族是美国的最后一代贵族。这话很有道理，不是因为人家长得帅，家世显赫，老婆气质非凡——尽管这些他们都占了——而是在此之后，美国总统里鲜有如此懂古希腊文化真髓的。

我们还是继续讲悲剧。

尽管埃斯库罗斯文采斐然，但论剧情的丰满和人物的现代感，另外两位悲剧家索福克勒斯和欧里庇得斯更胜一筹。

古希腊悲剧之所以震撼人心，皆因其主要矛盾并非来自恶人、小人或坏体制。这不同于中国的宫斗剧，全靠几个不择手段、丧心病狂的反派来推动。此类故事虽看得很爽，但不会产生深度思考，因为注意力都放在打怪升级、除奸铲恶上。

真正悲剧的发生从来不是因为纯粹有坏人作祟，恰恰相反，所有犯错者都既高贵又值得同情。

记得有一位著名作家在采访中说，他笔下的人物没有鲜明的好坏，连最卑微的人身上也有崇高的一面。这也算是十分独特的领悟吗？这只是没认真看过古希腊悲剧而已！

当然，古希腊悲剧的这个独特属性也非偶然，其前提是一个远离经济压力和专权管制的社会环境。对此雅典的民主制度功不可没，其经济分配让大多数人无须为日常生计而发愁，而政治上的开放让公民勇于发展自我，独立思考。那么，当面包和自由都不是问题的时候，是不是就只剩下吃喝玩乐，笑着醒来？古希腊的答案是否定的：他们费尽脑筋最大限度地给予生命尊严，只为能体会其最深层的悲哀。

2 ╱ 吾独爱林

先看欧里庇得斯的《希波吕托斯》。

主人公希波吕托斯是雅典国王忒修斯之子，独奉狩猎女神阿耳忒弥斯为至尊，并发誓一生追随。狩猎女神生性高冷，走的是禁欲路线，于是希波吕托斯也远离女色，谈情色变。

这世上有人不恋爱活不下去，也有人视情欲为毒蛇猛兽，这本没什么，但欧里庇得斯偏要把个人取向提升到神斗的高度。

见到希波吕托斯如此清心寡欲，爱神阿芙洛的玻璃心碎了一地：想摆脱我的影响，做梦！

于是开篇阿芙洛就宣布要让希波吕托斯为藐视自己而付出代价，其方法就是让希波吕托斯的继母淮德拉（Phaedra）身不由己地爱上他！

这里的爱情可不是粉红泡泡少女心这种后资本主义消费文化中常见的甜美画风。

阿芙洛所启动的是天地中最神秘的力量，足以将人毁灭但又无法抗拒，其本质更接近佛家所说的情债和劫难。

女主角淮德拉王后此时出场。

她被抬上舞台时已三天没有进食，身体虚弱，神志恍惚的她嘴里嚷嚷着：

> 让我去深山，让我去丛林，
> 让我随猛犬追逐小鹿的气味，
> 让我聆听野外狼群的嚎叫。
> 让猎手的长矛在我脸颊边飞过，
> 让我满头凌乱的发丝在风中散落。

大家有没有在这狩猎即视感中闻到强烈的性暗示？

在旁照顾的奶妈却摸不着头脑，自己从小带大的小姐病得不轻，好好的王后不做，要跑去野外游荡，这是中了什么邪？

但问来问去，淮德拉怎么也不肯透露原因，只对她说：

用面纱将我遮起来，

我的脸被羞辱扭曲，眼眶中强忍泪水，

清醒的意识让我无颜面对自己，

持续的疯癫也让我不堪忍受，

死亡是最好的选择！

奶妈被彻底吓到了：

好孩子，你若一死，你年幼的儿女该怎么办？

没有你的庇佑，他们将无法继承忒修斯的家业，

只会白白便宜了那个野种希波吕托斯……

听到这个不可说的名字，淮德拉大惊失色，再三挣扎后才承认自己正是爱上了希波吕托斯。

奶妈吓得两手一甩，扭头就走，将淮德拉一人扔下。

前一分钟还说要替主人挡风遮雨，面对所有难题，现在却第一时间逃离现场？

看来嘴上说得好听却没有任何担当的人，古今中外比比皆是。

于是台上只留下淮德拉孤零零一人，以及她心里那个可怕的秘密。

接下来是她的一段独白：

在漫长的夜晚，我曾躺在床上思考
是什么让有些人亲手毁掉自己的人生？
在我看来，并非他们缺乏头脑，
大多数人都深晓对错，
但尽管如此，却无法付诸行动。
有时因为懈怠，暂抛是非于脑后，
有时只顾享乐。
当我开始为爱发狂时，就立即思索
该如何保存自己的名节，
脑中的第一念想，
便是深深埋藏这个耻辱的病源。
但舌头会背叛主人，它时不时自言自语，
善于给别人忠告，却难掩自己的秘密。
于是我只能拼命压抑这个疯疾，
但一切于事无补，
无论我如何挣扎都没能摆脱爱神下的魔咒。
现在只剩下最后的办法，
就是一了百了的解脱。
要知道作为女人，一言一行格外受到关注。
如若我德言善行，自然巴不得为外界所知，
但若做下羞耻之事，我该如何面对世人？
此病是如此难以启齿，
连一丝微弱的欲望都是真实的背叛，

死亡才能解决一切；

唯有我不复存在，

才不会玷污我的丈夫与孩子。

他们才能在繁华的雅典立身处世，

不因我受到羞辱和拖累，

或在其他的自由公民面前抬不起头。

如果父母荒诞不经，

再优秀的人都会受其牵连。

世人称一生平安的法则

唯有诚实和谨慎，

因为时间总会将隐藏的卑鄙暴露，

有如奉上一面少女用的明亮镜子。

但愿我永远不会看到自己的丑陋面目。

淮德拉前思后想，觉得别无他路，只有一死。

如果就这样自行了结，也算求仁得仁，但达不到悲剧的高度。

这时，前面差点儿吓出心脏病的奶妈一下子又活了过来，想出了一个主意。她一面稳住淮德拉，一面私自跑到希波吕托斯处代女主人向他表白。

结果可想而知：

淮德拉在台上偷听到希波吕托斯对着奶妈大声地辱骂，称淮德拉为妓女和荡妇，弄脏了自己父王的床榻，还称所有女子果然如天下乌鸦一般黑。

尽管被欲望所困，但淮德拉心高气傲，非常在乎声誉，于是当夜就自杀了。但她死前给自己的丈夫留下了一封遗书，指控继子希波吕托斯非礼了她。

忒修斯看到证词后恼羞成怒。希波吕托斯这个好青年却遵守誓言——他曾在不知情的情况下向奶妈发誓不会向任何人透露其中的秘密。于是当父亲质问时，他百口莫辩。忒修斯气得跑去找老爹海神波塞冬哭诉——前面说过了，波塞冬是一个作恶高手，而且养的儿子一个比一个弱智。波塞冬承诺过忒修斯会实现他的三个请求。忒修斯于是诅咒自己的儿子不得好死，并让他立刻滚出雅典。

下一幕，伤痕累累的希波吕托斯被抬上舞台。原来他乘坐战车离开雅典时，海上的一头神牛突然现身。受到惊吓的战马将他摔下战车，在地上拖行——波塞冬就这样兑现了他的承诺。

这时，女神阿耳忒弥斯出现，将真相告知天下——

国王忒修斯得知真相后追悔莫及，在台上紧紧抓住希波吕托斯的手，悲伤欲绝。

希波吕托斯带着身上锥心刺骨的伤痛，感叹道：

天父宙斯，
您看到了吗？
这一生我追求纯洁的灵魂和肉体，
没人比我更克己复礼，
但现在我带着一身伤痛，不甘心地睁着双眼，
走向九重地，带着一路陪伴我的崇高和善良。

这些稀有的美德都没救下我。

被泼了一身污水而蒙受冤屈的希波吕托斯最终在死前原谅了自己的父亲，但此生忒修斯不会宽恕自己。

这个故事归根结底是谁的过错？淮德拉表示很无辜。本来好好的，阿芙洛出于嫉妒非要让她爱上希波吕托斯。好吧，抗拒不了欲望，就让自己从此消失，脑残奶妈为什么要把这个秘密透露出去？

被希波吕托斯无情拒绝并辱骂时，淮德拉羞愧难当。她确实撒了谎，但个人清誉是她的底线，她并不知道希波吕托斯同意保密。除了撒谎而先发制人，她别无他法。

如果希波吕托斯多些同情，少些清高，忒修斯多些信任，少些鲁莽，事情也许不会往最坏的方向发展，可偏偏每个人都已竭尽全力而又无可奈何，大家同是施害者又是受害者，世间最大的悲剧莫过于此。

3 ╱ 我不服从

前面已经提到，古典时代的雅典妇女在日常生活中缺少自由：她们被局限在家庭空间内，除宗教仪式外不能在公共场所抛头露面，更没有同等的政治权和经济权可言。

所幸在戏剧的世界里，女性主角不但众多，而且敢作敢为、特立独行。

索福克勒斯笔下的《安提戈涅》(*Antigone*)就是这样一部大女主的作品。

女主人公安提戈涅出场的时候，只剩下她和妹妹伊斯墨涅(Ismene)相依为命。

她们的父母——底比斯的国王俄狄浦斯和王后乔卡斯塔已经去世。

在前一天，两个哥哥也相继战死。

俄狄浦斯临死之前，曾留下遗命让安提戈涅的两个哥哥轮流为王。但大哥任期满了后拒绝退位，二哥一气之下勾结外敌攻打底比斯，结果兄弟二人双双战死。舅父克瑞翁继承王位，他视二哥为叛徒，颁布一道命令，将他的尸体抛弃在野外，任猛兽啃噬。

安提戈涅得知后拒绝遵从，一定要将其安葬。

妹妹伊斯墨涅好心劝阻，安提戈涅却冷冷地回答：

> 无论谁出手阻挠，我都会埋葬他。
> 就算我为此被杀，虽死犹荣。
> 他是我的手足，我们之间血浓于水。
> 让我来承担这个神圣的罪责。
> 我对地下的神灵怀有更大的敬意，
> 将来有一天我会长眠在那里。

按当时的说法，冥间的神灵规定所有人死后不分贵贱都须妥善安葬，并享受祭奠仪式。

伊斯墨涅建议：

> 要不就偷偷将哥哥埋葬，
>
> 不让人发现，既可了你心愿，又不触犯法律，
>
> 岂不两全其美。

倔强的安提戈涅义正词严地回绝："如果不让我公开反抗，我会更痛恨你。"

要说身世悲惨，鲜有人比得上这个小姐姐。她老爹俄狄浦斯自己就是另外一部悲剧的主角，被预言会弑父娶母。结果因为各种机缘巧合，俄狄浦斯在不知情的情况下全部亲手兑现。做就做了吧，他还不遗余力地打探事实，真相浮现后生不如死，将自己的双目戳瞎作为惩罚。

小姐姐的两个哥哥也不让人省心，先前吵闹时被老爹诅咒不得善终，结果真没能和平共处，两人在战场上决斗时竟同时刺中对方，落了个共赴黄泉。

现在，他们的妹妹安提戈涅下决心要违抗刚刚颁布的国家法律。

新任国王克瑞翁是何种立场？

他是这样向臣民表达自己的心声的：

> 天神将我们的城邦如一叶小舟般掷到波尖，又迅速将其扶稳。

俄狄浦斯的两个孽子，在一天内同归于尽，

于是王位落在了我的头上，他们的至亲。

我坚信，一个城邦的领袖必须如舵手般稳健，

他需力排众议，执行最有效的政策，不惧得罪他人。

如若有人不将其祖国的利益放在第一位，这样的人不配身为公民。

天上的宙斯为证，

如果我的同胞面临危险，

我绝不会三缄其口，也不会纵容任何

对底比斯不利的人。

我对民众下达了通告：

俄狄浦斯的长子为国捐躯

我们会以最隆重的葬礼安葬，

但他的次子，却因为个人野心，

企图一把火烧毁这里的一切，

包括所有同胞和祭拜的神灵。

胆敢如此嗜乡亲之血，奴役国民之人，

对他，我要郑重声明：

不许任何人为他举行悼念仪式，

不准为他哭泣或祭拜，他的遗体必须曝尸在外，

让鹰犬撕成裂片后大快朵颐。

愿所有人都看到他的下场。

这就是我的原则：

对城邦做贡献的人，我一定会嘉奖；

对乱国之人，我一定不会放过。

至此，我们看到安提戈涅和克瑞翁的想法完全不同，但各有立场。

被手下告知有人私自埋葬次子时，克瑞翁不相信有人竟敢违反他颁布的法律。等守卫把这个罪犯带上来后，克瑞翁才吃惊地发现这个胆大妄为之徒原来是自己未成年的侄女。

安提戈涅平静地告诉国王：

这条律法不是宙斯颁布的，也非来自正义女神，

她与其他神灵一起居住在下界，命令我们将所有人妥善安葬。

我不认为你那么强大，仅凭一己之力，便可颠覆他们的旨意。

虽然这个习俗没被付诸明文，也没在大庭广众下被宣读，

却永远有效，无论是过去、现在或将来。

因此我不会因为惧怕一介凡人而冒犯他们。

我一直想着生命的终结——就算没有你的禁令，也会有那一天。

或许早点结束此生反而是我的福气。

这辈子我已经历了太多厄运。

死亡未必会给我带来更多的痛苦。

反之，如果我让亲哥哥

横尸旷野，将会有如万箭穿心。

若有人怪罪我行事乖张，

那是因为指责我的人自己不明事理。

尽管安提戈涅公然抗命，但出发点并非为了肤浅的个人得失。

她虽语气傲慢，但做事的方法却符合和平抗议（Civil Obedience）的准则。和平抗议有别于一般的违法乱纪，因为它一方面没有伤害他人的意图，另一方面则通过反对的声音来促进社会的认知和讨论，有其独特的民主价值。

相比之下，克瑞翁接下来的言行处处彰显着他的偏激和专制。

因为忍受不了自己的王权被挑战，他不顾身边人的反对，决定将安提戈涅处决，以正视听。

这个安提戈涅，虽然有很多家族黑历史，在花季之年暮气沉沉，成天满脑子想着死亡和造反，不会美妆美颜，发嗲撒娇，不计划谈恋爱出国生娃，可这个世上却偏要有一个人不在乎，并愿意全心全意地爱她。这个人就是她的未婚夫，克瑞翁的独子海蒙。大家是不是已经可以嗅出迎面而来的悲剧味道?

海蒙赶到现场，还未开口就被老爸斥责：

你是来向我发难的吗?

你已获知我对你未婚妻的裁定?

不可一世的克瑞翁却生了一个谦卑恭顺、重情重义的儿子。

海蒙回答：

父王，我是您的亲骨肉。如果您的决定正确又妥当，
我一定会欣然遵守。
再美满的婚姻都不能取代您的肯定和支持。
但体察民情是王者最优秀的品德，
身为旁观者，我更容易
聆听来自外界的声音。
我发现当您排斥一些事物时，您的眼神
让臣民恐惧。
黑暗里的窃窃私语传到了我的耳朵里：
整个城邦都为这个女子叹息。
大家如此议论：
只为不想让自己的哥哥曝尸荒野，
她不该有这样悲惨的结局。
父王，没有什么比您的名声更让我在意。
请不要固执己见，
睿智之人最懂博采群议，
而一意孤行的人却如同过于笔直的树枝，
容易折断。
请暂时收起怒火，接纳众人的意见，
没有城邦是只属于一个人的。

接下来是父子你一言我一语的火爆对话：

“黄毛小子也敢教训一国之君？你是否想包庇叛徒，做一个大逆不道之人？”

“我只想指出您的禁令有失人心。”

“你对王权没有任何敬意。”

“您对神灵没有任何敬畏。”

“你为一个肮脏的女人说话。”

“我没有做任何羞耻的事。”

“你一心只顾及她。”

“我考虑的还有您、我自己和地下的神灵。”

“你不会娶到活着的她。”

“如若她死，则会有另外一个人为她陪葬。”

“你敢威胁我？”

“您对我的误解如此之深，何谈威胁？”

“你会后悔如此顶撞你的父王。”

“您只执着于自己的看法，却听不进一句规劝。”

克瑞翁恼羞成怒，派人去把安提戈涅找来，要当着儿子的面将她处死。

海蒙气得匆匆离去。真正的悲剧就此引发，再也无法逆转。

这时盲眼巫师忒瑞西阿斯跑来告诉克瑞翁，天上的鸟雀示出凶兆；神灵拒绝接受供奉和祈祷，原因只有一个：俄狄浦斯有一个儿子未被安葬。

与所有一意孤行的人一样，克瑞翁开始怀疑忒瑞西阿斯被人收买，有意跟他作对。

可思前想后，他又生怕被忒瑞西阿斯言中，于是下令将安提戈涅从关押的空墓中放出。

这时，所有演员离去，舞台换了场景。

一个目击者上台向观众诉说了他在墓穴中的所见所闻：

国王克瑞翁匆匆赶到安提戈涅被关之处，
正值花季的女孩已上吊自尽。
海蒙抱着未婚妻的尸体，
以最凄厉疯狂的眼神看着自己的父亲，
先朝他吐了一口，然后在空中挥舞着匕首。
克瑞翁吓得连退好几步，
海蒙随即将匕首插入了自己的身体，
随即趴在了未婚妻的尸体上。

这两个年轻人终于成婚，在幽暗的九重地、黑帝斯的宫殿里。

这时，海蒙的母亲听到这个惊人的消息，悄然离开舞台。

接下来，她的尸体被抬了上来。

她死前诅咒自己的丈夫，因为两个儿子皆因父亲克瑞翁而死。

她满腹怨恨，在圣坛上自尽。

最后，舞台上只留下克瑞翁一人，悲痛地发出呜呜的惨叫。

骄傲的王被彻底摧毁。

4 ╱ 不靠谱的黑格尔

有关这部悲剧，黑格尔给出了一个著名的解读，他认为虽然克瑞翁和安提戈涅的诉求各有道理，但前者所代表的是国家主义，而后者代表狭隘的家族亲情——当后者被前者淘汰时，就构成了历史的进步。黑格尔在德国哲学界里算是有两把斧子，但这个论述却谬以千里。

戏中的矛盾并不是大集体和小家庭的对抗，而是对民主城邦的定义：明明多数公民并不赞成克瑞翁的做法，为何他一人之言仍然可化作国家的法律?

更重要的是，矛盾的关键并不涉及杀人放火的伤害行为，而是一个已死之人的最后体面。如果连最基本的尊严都可以因政权交替而被随时抹去，那所谓至高无上的城邦将如何伸张正义并维护天下众生?

剧中神灵让克瑞翁失去所有亲人而孤独终老，就是古希腊人对他最明确的立场。对不起了，黑格尔。

剧中合唱团所吟唱的《人赋》表达了索福克勒斯对人性的复杂看法。

这段台词先歌颂了科技和文明所取得的成就，然后又指出其中的盲点和偏执，最后合唱团总结道：

人可邪可正，

若他敬畏天神，尊重法律和正义，

他的城邦会繁华昌盛，

若他不假思索地自甘堕落，

便会无处安身。

这深刻的反思恰恰出自古典时代权倾天下的雅典。

在悲剧里，年纪轻轻的安提戈涅孤身一人挑战了当时被认为最合理和进步的权威：政府、法律、国家大义、领袖权威、世俗观点……居然还得到了天神的肯定。

2000 多年以后，在科技和社会高速发展的 20 世纪，张爱玲也看到了社会飞速变更中更触目惊心的苍凉：

时代的列车轰轰地往前开……在漫天的火光中也自惊心动魄……我们只看见自己的脸，苍白，渺小；我们的自私与空虚，我们恬不知耻的愚蠢——谁都像我们一样，然而我们每人都是孤独的。

能在繁华中看到虚无，在太平中察觉危机，这才是伟大的文学无可代替的功能。

5 复仇可以多痛

好吧，是我欺骗了大家。

之前说过悲剧里没有恶人，前面讲到的淮德拉和安提戈涅，尽管态度决绝，但自带一身孤勇的英雄气质。这个传统却在欧里庇得斯的《美狄亚》（*Medea*）里被彻底颠覆了。

《美狄亚》的故事情节很简单。主人公美狄亚是外邦科尔喀斯的公主，她与前来偷盗金羊毛的希腊王子伊阿宋（Jason）坠入爱河，而后二人私定终身，双双回到了希腊的科林斯。

几年后，渣男伊阿宋想出一个提高生活质量的捷径，就是抛弃美狄亚，和科林斯的年轻公主成亲。

伊阿宋义正词严地宣称，这是为了他们的孩子着想：

> 我的动机纯洁——让大家过更好的生活，
> 而不被贫困所苦，
> 没人愿与穷人交友。
> 我想给我们的儿子王子的身份，
> 不久我会富有四海，
> 膝下人丁还会更旺。
> 但对你的儿子和新的子嗣，我会一视同仁，
> 绝不厚此薄彼。

此举不是喜新厌旧，

而是想解救你，再给我们的孩子添上

有王室血统的弟弟，让他们立于不败之地。

是你自己不知收敛，

去找国王怄气，

现在他将你驱逐，连我也无法相救。

伊阿宋一番颠倒黑白的言辞，让美狄亚回敬了一句所有有良知的人都会同意的话："在我看来，没有谁会比一个生性邪恶又巧言善辩的人更易遭天谴。"不怕坏人坏，就怕坏人浑身是理，把被欺负的活活气死。

公元前 5 世纪末的雅典流行修辞和演说学，能言善道、见风使舵、投机取巧这些表面技能开始盛极一时。伊阿宋这个人物的塑造恐怕与此不无关联。

美狄亚当初为了伊阿宋而与自己的父亲和兄弟决裂，已是举目无亲，无家可归。两人曾经的山盟海誓全都喂了狗。

她在舞台上对着当地妇女的合唱团念了一段独白：

不可置信的悲痛掏空了我的灵魂，

一切都结束，此生将再无欢愉。

曾以为可托付终身的丈夫，

却是这世上最恶毒之人。

作为女人，命运对我们太不公平。

首先要送出大量嫁妆，

才能换回一个霸占我们身体的人，雪上加霜的是，

一生的幸福不过是一场赌博：对方是良人还是恶夫？

若想躲避婚嫁毫无可能。

一个女人如果离开她的丈夫，名誉便会受损。

当妻子嫁入夫家时，

必须学会新的规矩和习俗，费尽心机地

服侍枕边之人。

如他满意，

则被人称赞，

如被嫌弃，便生不如死。

作为男人，若厌倦家庭，

则可以出去寻欢作乐，

有同伴和年龄相仿的朋友相随。

他们却还说女人过得太舒服，

不需行军打仗。

这话毫无道理，

我宁可拿着盾牌三上前线，

也不愿再经历一次生产的痛苦。

如今我的处境不堪之极，

这里是你们的家园，

作为本地人，你们还有朋友和亲人，

我却被抛弃和唾骂。

他的无情让我无家可归。
当初是他将我如战利品般带回，
而如今我却举目无亲。
女人确实比较软弱，
她不能上战场，一看到武器就颤抖，
可一旦她被感情伤害，
就会比任何人都歹毒。

美狄亚对女人遭遇的倾诉放到今天也是掷地有声。

但若光讲妇女如何不幸、糟糠之妻如何被弃、伊阿宋如何是个西方版的陈世美，你就太小瞧欧里庇得斯了。

与伊阿宋大吵大闹的美狄亚突然有一天180度大转变，低眉顺眼地主动承认错误，并答应自行离去，只求公主能善待自己的孩子，还奉上披风和花环作为伊阿宋再婚的贺礼。

伊阿宋大喜过望，心里的一块石头终于落了地。他哪里知道，无穷的悲剧正等着他。

那披风和花环被准新娘戴上后忽然燃烧起来，将她和企图救自己女儿的科林斯国王一起活活烧死了。

这还不够。

然后美狄亚亲手——注意是亲手——捅死两个儿子，只为让伊阿宋从此断子绝孙，品尝锥心刺骨之痛。

最后她坐上飞龙战车，升上天空，在她祖父太阳神的庇佑下前往雅典。

美狄亚这一系列行为孰是孰非，留给大家自己去思考。她作为外邦人孤独无助的处境绝对值得同情，但将自己的伤痛转嫁给无辜之人，还手刃自己的至亲骨肉，却让人不寒而栗。如果非要从悲剧里找恶人，美狄亚或许可以被列为候选人，但毋庸置疑，如若社会不断伤害女人，她们的不幸最终会将所有人牵扯进去。

无韵的话语

1 ／ 民主的演说

公元前 5 世纪的雅典，不但在文学上“惊艳了时光，温柔了岁月”，连公共演说也非常出彩。

这里我们不能不提到伯里克利——此公被史学家修昔底德推崇为雅典有史以来最伟大的政治家，没有之二。公元前 460 年到前 429 年他执政的这三十载被称为“伯里克利时代”。

要知道雅典人当时虽然实行了最前沿的民主制度，却没有留下长篇大论，所谓行动就是最好的说明。

唯一可以让我们惊鸿一瞥的是伯里克利著名的《国殇致辞》，仅寥寥几语就将雅典民主政治的意气风发阐释得淋漓尽致。

让我们来领略一下其中的经典章节：

雅典从不屑抄袭邻邦，因为我们就是别人的教科书。

我们的城邦被定义为民主社会，因为大小事务均由广大公民决定，而不是少数精英。

作为希腊的楷模，我们竭尽全力向大众提供最好的机会和保障：不但法律视人人平等，贫穷也不构成任何人施展才华的障碍。如果有人功成名就，那绝非因为他的家世或财富，而是基于他对公共领域的贡献。

在积极向上的同时，我们也不忘通过赛会和庆典来纾解身心的疲劳。

我们的住宅赏心悦目，与气势宏伟的城市建筑遥相呼应。

这座美丽的城市对整个地球开放，我们从未驱逐过一个外邦人，或疑神疑鬼地担心别人是奸细。面对安全上的威胁，我们依靠的不是政府的强制措施，而是民众的自发行动。

我们生活在前所未有的自由中，但同时也愿意为此承担一切责任和危险。

我们追求舒适，但不奢侈；我们崇尚智慧，但不柔弱。

我们积累财富的目的是为了满足实需，而非炫耀。

如果我们唾弃贫穷，那不是因为它本身，而是对此的无所作为。我们全心投身公共事业，但也尽情享受私人生活。我们的民众虽忙于生计，但对国家大事却了如指掌。与其他地方的人不同，我们认为只关心自己的人不是缺少雄心壮志，而是一无是处。

这里面的每一条放到今天都是一个大写的霸气：这不就是我们理

想的社会吗？ 2000 多年前就被雅典当成了天经地义。

但事实上，公元前 5 世纪雅典的政治发展却让人心碎一地。伯里克利在公元前 451 年立法规定，只有父母都是雅典人才能成为公民。尽管他平时关注底层民众的利益，甚至发放政府补贴，鼓励更多人参政，还在卫城上修建了傲视天下的公共建筑，但这些成绩都抵不了这条公民法所带来的骇人退步：民主什么时候开始讲出身而不给所有人平等机会？什么时候开始允许一个排外和单一的社会存在？另外，伯里克利还提到女人最大的殊荣就是不被人谈论，意思就是女人就该在家相夫教子，寡言慎行。

这些观点已然令人生厌，但最让人不能忍受的是伯里克利的表里不一。他自己和一个喜欢言论前卫、思想活跃的外邦妓女同居。两人生下的后代——一个母亲不是雅典人的私生子——却被破例授予公民身份。更让人无法接受的是，他把民主唱得如此动听，却对外带着雅典人到处横征暴敛，行不义之师，最后自己被战争引发的瘟疫反噬，害得雅典也从此江河日下。

对于不同的意见，我可以尽力尊重，但对虚伪却完全不能忍受。因此每读到伯里克利的所作所为时，就被他气得肝疼。

公元前 5 世纪过后，文学和历史都退到一旁，古希腊的哲学闪亮登场。

最出名的也是三个人：苏格拉底、柏拉图和亚里士多德。

不少人认为古希腊文化最大的成就是哲学，跟这些人我真没什么可说的。

2 哲学里的传说

只记得当年苦学古希腊语，读到亚里士多德时，我只想掀桌子：这家伙还能算是希腊人吗？写的东西味同嚼蜡，如何有脸去面对自己有趣之极的祖宗？

再说了，神话和诗歌里难道就没有智慧和哲学？非也！人家只不过没有将生活现象剥去细节并简化成抽象特征，而是用讲故事的生动形式让听者自己体会，这与佛家的参悟很像，此中的精妙未必不如逻辑推论。

好吧，虽然我的看法很主观，但这三人都不支持民主，亚里士多德还说弱者就应该被强者霸凌，所以就大是大非而论，我也有权对哲学持有异议。

苏格拉底生前没有写下只言片语，这惜字如金的派头和其他哲学泰斗，如耶稣、孔子和佛祖等如出一辙。世人对苏格拉底的所知主要来自他的大弟子柏拉图的记录。在苏格拉底于公元前 399 年被处死后，柏拉图自立门户。但他后期文章风格严肃刻板，语气高高在上，不信可以直接去看。

这里讨论的是一篇名为《会饮篇》的著作，是柏拉图的早期作品，还算比较好玩。内容就是某一天几个名人聚在一处，饮酒奏乐，高谈阔论，聊着聊着就衍生出一堆富有哲学的对话。古人留下的千古之言都不是刻意为之，而是在恰当时机有感而发，不像现在，为了拿证书，评职称，不得不硬着头皮凑出好几百页的文字。可见尽管古人物质上相对贫乏，但他们在精神上的自由和惬意，我们却难以想象。

“组团喝酒搞文艺”的传统，从荷马时代就开始盛行，在古风时代备受贵族青睐——从那时候起，希腊人就跟波斯人学会了躺着吃喝，前面提到的抒情诗就是在这类酒宴上吟诵的。到了古典时期的雅典，这个活动逐渐大众化，不再限于贵族阶级，但女性依然被排除在外，当然不包括旁边伺候婢女和招来助兴的艺妓。

大家猜猜，雅典城几个出了名的老男人聚在一起都聊什么？不是行军打仗，也不是升官发财，就一个字：“爱。”

第一个上来发言的强调爱分为两种：肉体的和灵魂的。后者追求智慧和真理，不会因容颜衰老而褪色，因此更胜一筹。这就是大名鼎鼎的柏拉图之爱。

接下来发言的是雅典著名的喜剧家阿里斯托芬（Aristophanes），他讲了一个颇有深意的传说：

> 最早的原始人类圆圆胖胖的，有四只手和四只脚，头的前后各有一张脸，面朝相反的方向。Ta可以直立行走或后退，用四只手和四只脚飞奔，还可以在地上快速滚动。
>
> 这些奇特的人有三个性别，他们有些是男男，有些是女女，有些半男半女，不像我们只有男人和女人。传说中，他们体格健壮，心态坚毅，能力远远超过人，可以和天神一争高低。
>
> 神界讨论如何对付这些危险的人种，有人建议全部杀戮，但宙斯认为只需将他们变弱即可，于是便将他们一劈为二，新的

人不但力量少了一半，对神的供奉还在总数上多了一倍。

从此以后，被一分为二的人各自流落，他们不停地寻找原来的另一半，想要再次合为一体，重回当初不分彼此的状态。因此，爱就是对完整的渴望：它让欠缺的人生再次圆满。

不知道是不是只有我一个人惊叹，这个如此美好的比喻硬是在干巴巴的哲学论证里植入了这么一段清新可爱、富有灵气的故事。

当然，酒宴最后，苏格拉底压轴登场，三言两语把别人都说下去了。这还不够，突然来了一个仪表堂堂的贵族少年，借酒装疯，向众人透露苏格拉底的英雄事迹，还抱怨自己向他表白多次却被拒——尽管苏格拉底是个奇丑无比的老头。

看多了柏拉图的著作，就会发现里面惯用的套路：无论苏老师的态度如何谦虚低调，语气如何平易近人，张口闭口就是“我对事物一无所知”，到最后与他争论的人都在众目睽睽下被撕得体无完肤。换言之，他的对话对象无一幸免地成了弘扬苏式哲学的垫脚石。相比之下，悲剧和诗歌一再提醒观众，再权倾一世、机关算尽的人也有思虑不周、脆弱无助的一日。但在哲学的“理想国”里，生活悠闲、热衷理性思维的专业哲学家被独尊为王（philosophy king），肩负治理天下之重任。而其他人只能做二等公民。这种精英思想严重违背民主精神，别说宙斯不答应，雅典人民不同意，连敌人这关都过不了。

但无论如何，苏格拉底有一件事让人肃然起敬：甘愿为理念而死。公元前 399 年，出于各种复杂的政治原因，他被公民法庭裁定犯有毒害青少年和对神灵不敬这两条罪，判处他必须服毒自尽。他身边那些深爱他有趣灵魂的富家弟子都劝他速速逃跑，苏格拉底却拒绝了，理由是他这辈子享受着雅典的自由，参与了城邦法律的拟定，怎可因判决对自己不利就抽身而逃？对我而言，苏格拉底最可贵的不是对哲学的开创，而是对民主精神的阐述。只有在雅典才会出现他这样的人：平日里可以大放厥词，我行我素，但在生死攸关之时，依然遵守原则，言行一致，不计后果。接下来的2000多年里，西方没少出哲学家，尽管他们的著作洋洋洒洒、高深莫测，但肯用自己的血肉之躯来祭奠真理的却寥寥无几。

苏格拉底去世后，哲学的接力棒交到了柏拉图和亚里士多德的手里，往后的希腊历史还会持续好几个世纪，但深含民主真谛的成分越来越少，花里胡哨的表面功夫却越来越发达——英雄与神灵眷顾大地的时代已然一去不复返。

POSTSCRIPT

番外

如果神话也分高低贵贱，《荷马史诗》因年代久远和篇幅完整，绝对是五星级。其他有关特洛伊战争的记载多来自晚期作者，而且零星散落，不能与之媲美。尽管如此，它们中的一些填补了《伊利亚特》和《奥德赛》中间略过的时段，让两部史诗更好地衔接，读之也不失有趣。

1 ／ 英雄时代的最后72小时

前面说过，到了《伊利亚特》的结尾，离斯已不复当年意气风发、踌躇满志的少年。为了替帕特洛报仇，他再次出山：毕竟自己的兄弟是因为不忍心希腊人被杀才命丧沙场的。更何况，像离斯这样尚未到退休年龄的贵族男子，除了打仗外还真没其他行业可以投身。但毫无疑问，在这场战争进行到第九年时，离斯与盟军已经产生了无法弥补的嫌隙，对大战的终极目的也满腹困惑。这根本的转变在后面发生的两件事上得以充分体现。

2 ／ 阿玛宗女王

首先，他在战场上迎来了美丽的彭忒西勒亚（Penthesilea）女王。

之前赫克托之死让特洛伊陷入了极度焦虑和恐慌。赫克托是全族的中流砥柱，他在世一日，就可保众人平安。一旦他不在，无人可以抵御古希腊第一勇士离斯。正当特洛伊全城上下人心惶惶、不知所措时，十多匹战骑从城外的平原上奔驰而来。等靠近一看，骑手居然全是女人，她们个个身穿盔甲，手持武器：原来，阿玛宗人的女王和她的 12 名随身武士不远千里前来支援。

对特洛伊的民众而言，阿玛宗人的出现让他们觉得这是老天垂怜，从天而降的援兵无疑给全城上上下下注入了一针强心剂。

尽管如此，当地民风保守，从未见过这样颠覆传统角色的女性。因此，彭忒西勒亚女王和她的手下在特洛伊城驻扎仅仅几天，就引起了骚动，街头巷尾开始议论纷纷，将特洛伊推入了一个全民八卦的时代。

人们好奇的是，单一性别的王国是如何繁衍的？（看过《西游记》的我对里面的女儿国同问）。八卦出来的答案耸人听闻。据说阿玛宗的女人会把年轻男子带进领地，在怀上孩子后便杀掉他们，如果生下男孩，就将他们弃之荒野。平日，阿玛宗女人互为伴侣，也就是举国都是我们说的“拉拉”，这点恐怕最让男性感到不安。男权社会表面上嫌弃女人“无用”，但实际上最需要娇柔女性对男性的各种依赖。

两军开战之际，八卦如此猖狂，我们对此却不能太苛责，毕竟特洛伊人民已经被敌人围困了十年之久，不仅长期承受着精神上的煎熬，还刚刚丧失了守护者赫克托。用八卦来逃避现实，舒缓压力，太正常不过了。

不幸的是，彭忒西勒亚的战斗力远不如她带来的八卦凶猛。

3 ╱ 真正的相爱相杀

目击者是这样描述这场战役的：

在特洛伊以西的平原上，彭忒西勒亚和离斯的战骑如离弦之箭飞向对方。在两人擦身而过之际，离斯举起长矛，没有任何延缓和迟疑，一矛就刺穿阿玛宗女王的身体。这让所有观战的特洛伊人看傻了眼。瓜子还没开袋，演员就谢幕了，古希腊第一勇士果然不是吹的。

接下来发生的事情既传奇又狗血。

彭忒西勒亚被刺后从马上摔下，一下子倒入离斯怀中。女王的头盔滑落，露出了一头亮丽的秀发和一张美得惊心动魄的脸庞。离斯看到后，瞬间坠入爱河。但一切都发生得太快，一缕芳魂已逝，等古希腊第一勇士回过神来，什么都来不及了。

他们二人上演了最纯粹的相爱相杀，这其中的寓意也十分深刻：战争就是遮挡彭忒西勒亚脸颊的头盔，它不让人看到对方动人的一面。

4 ╱ 帕里斯的歪箭

彭忒西勒亚死后，特洛伊城再度陷入了恐慌。国王普里摩不得不苦思对策。特洛伊的核心问题是因无人接替赫克托而群龙无首。普里摩已年过半百，小儿子帕里斯又不务正业。后世评论家认为，当时城里最适合担任领导的是后来罗马的创建者埃涅阿斯（Aeneas）——爱神阿芙洛和普里摩表兄的儿子。但是这个王子终究没有被委以重任。也许普里摩太过看重血缘，还是想在直系亲属里找接班人（普里摩可不是禁欲派，有姬妾好几号，儿女好几打）。最终，老国王想出了一个绝妙的逆转方案：招离斯为婿！打不过你还不能跟你好吗？这套路近代以前在欧洲被反复使用：一手抓武力，一手搞联姻。所以，欧洲王室之间基本都是亲戚。普里摩的如意算盘是这样的：离斯本来就与希腊盟军貌合神离，在拿回赫克托尸首的交涉中，可以清楚感受到离斯的孤独。再者，普里摩也看到了离斯对彭忒西勒亚的心动——自古英雄爱美人。离斯如果同意联姻，不但可以让希腊人无功而返，特洛伊还可以从此高枕无忧。

然而，人算不如天算，当离斯前来谈判时，我们的偶像剧男主角帕里斯趁其不备，突施冷箭。但帕里斯箭术太差，误射到了离斯的脚踵——这个唯一能置他于死地的地方。于是预言终于灵验，一代英豪倒地身亡。离斯没有死在战场，也没有等到盟军攻下特洛伊，却被帕里斯这个宵小之徒暗算。世间最惨的往往不是震撼人心的悲剧，而是荒谬离奇的闹剧。唯一值得安慰的是，在岁月的长河中，无数人都已被湮没，但歌颂离斯的诗歌却代代相传。后来，帕里斯本人也死在希腊人的毒箭之下，这也算是冥冥之中的因果循环吧。

离斯死后，特洛伊和希腊再没有讲和的可能，只剩下你死我活。离斯的尸体被带回后，希腊人将他与帕特洛合葬。这两人生前形影不离，死后也得以长相陪伴。

意外的是，在隆重的葬礼上，希腊盟军平白无故又折损了一员大将。至此，奥德才最终上位，荣登希腊英雄榜榜首。

5 ╱ 逝者之殇再现

在72小时之内，步离斯后尘的第二人名为大埃阿斯。

此人是谁？他就是宙斯的曾孙，离斯的表弟，表兄弟二人当年曾一起在大名鼎鼎的半人马奇戎门下学艺。据说大埃阿斯外表挺拔、武艺高强，曾在战场上与特洛伊第一高手赫克托打了个平手，战斗力仅次于离斯，因此长年在希腊英雄榜上排名第二。

虽没有位居第一，但大埃阿斯深受后人喜爱，雅典的许多重要人物，包括我们提到的历史学家修昔底德，都尊他为远祖。之前说过，在黑暗时代，文字典籍消失殆尽，早期的历史变得模糊而神秘。也许正因为如此，民间对英雄人物的追忆反而格外火热——荷马是这方面的杰出代表。史诗里有头有脸的人见面都要夸耀一番自己的出身："我爷爷的爷爷是宙斯"，"我妈妈的妈妈是阿芙洛"。除此之外，还有不少人热衷于对青铜时期留下的古遗址进行祭拜，顺便寻点庇佑，沾点仙气。我们已经知道希腊信奉的神很多都三观不正，私生活混乱，一不小心就在人间"开枝散叶"。当年没有户籍制度、DNA测试，所以几乎人人都可以和神族或远古英雄扯上关系。由此看来，裙带关系是人类一项古老的社交手段。神灵的光环被普及化后，反而缩小了人们出身之间的差距，促成了身份地位的平等。

所以尽管大埃阿斯身份尊贵，屡立战功，但当他想得到表兄离斯的遗物时，偏偏有些刺头不买他的账，比如奥德。

6 离斯的盾牌

离斯遗留下了什么宝物？一副由天匠赫菲斯打造的神铠。

《伊利亚特》中记载，帕特洛借离斯的铠甲出战，却不幸牺牲，铠甲便被当作战利品带回了特洛伊。

离斯听闻死讯后在海滩上放声大哭，誓将杀死好友的仇人赫克托千刀万剐。西蒂斯赶来安慰爱子，同时又惶恐不已，因有预言称，一旦赫克托被杀，离斯离死亡也就不远了。难过了半日，宠儿狂魔西蒂斯收起了悲伤：就算不能改写你的命运，至少也要给你置办一副像样的装备！于是她风风火火地跑到天庭，恳求铁神赫菲斯打造一身举世无双的铠甲。西蒂斯人缘极好，当年赫菲斯被自己老妈赫拉扔下奥林匹斯山时，西蒂斯上去搀扶过他，这雪中送炭的恩情，终于有回报的一日。赫菲斯听了有关离斯的命运，想法与他母亲不谋而合。“即便不能改写贵公子的命运，也要给他配置一身像样的装备。”于是，赫菲斯马不停蹄地投身这份伟大的事业。

《荷马史诗》第 18 章近一半的篇幅都在描写这副盖世无双的铠甲，其中有 100 多行诗句形容雕刻在盾牌上的图案。

赫菲斯在盾牌上精心雕刻了九个场景，从里向外：

穹苍、星辰、万物

载歌载舞的婚礼

兵临城下的军队

齐心合力的耕夫

丰收、果园、牲畜、牧场、河流

这副“离斯的盾牌”成了西方文学中的一个著名典故。19 世纪的英国文坛出了一位旷世奇才，叫亚历山大 · 蒲柏（Alexander Pope），是个妥妥的荷粉，25 岁时开始翻译《伊利亚特》。他的英文译本苍劲古朴、铿锵有力，开头还带有亲手绘制的盾牌图案，一出版即引起轰动，此手稿现存于大英图书馆。到了 20 世纪，著名诗人威斯坦 · 休 · 奥登（W. H. Auden）写了一首名为《离斯的盾牌》的现代诗，反思夺走千万条生命的“二战”。此作品洗去了荷马的豪迈和辉煌，只剩下对战争的焦虑和嘲讽。就这样，通过欧洲好几代文艺青年的不断推送——其中既有传承也有颠覆——古希腊的文化在跨越了漫长的中世纪后再次闪耀，宛如一位沉寂多年的剑客，一朝重出江湖便一骑绝尘。

7 / 演讲大赛

总之，离斯阵亡后，盟军中自认最有资格得到宝物的就是大埃阿斯和奥德修斯两人。

可二虎相争，必有一伤。按理作为三军统帅，孟农此时应出面协调，避免自家人伤了和气。

不幸的是，孟农恰恰缺乏这方面的意识和才干。在这个关键时刻，他不但没有维持团结，反而激化了矛盾，真是唯恐天下不乱。

孟农以盟军最高领袖的身份提议两人不如进行公开演说，让听众来裁决。这个主意听上去很公平，却害惨了大埃阿斯：奥德是希腊出名的辩论高手，凭他的三寸不烂之舌，连妖魔鬼怪都会被忽悠，更别说是不善言辞的大埃阿斯。不能排除孟农这项提议是别有用心，因为他的对头离斯和大埃阿斯是表兄弟，而在他和离斯闹翻时，奥德则处处向着他。

演讲比赛的结果果然毫无悬念。

先是大埃阿斯上台，他紧张地行了个礼，然后老老实实地把自己的特长讲了一遍。

> 作为一名军人，我在离开家乡十年的每个日夜，永远将自己的职责放在第一位，坚守在战场的前线，不忘初心，砥砺前行。

大埃阿斯这句话总结了他的所有成就，还有什么可说的呢？

旁边的队友着急了，小声提醒他赶快举个实例。

他抓了抓脑袋，补充道：

对对，没多久前，特洛伊人杀到海边的大营，差点一把火将我们的战舰全数烧毁，当时除了我以外，所有士兵都受了伤。在这个生死关头，我不顾个人安危，凭一己之力逼退了敌人的疯狂进攻，挽救了全军。

一箧金玉良言不如一个活生生的例子，这个回忆杀让士兵们想起了不久前经历的那场千钧一发的危局，于是台下掌声四起。

接下来，二号选手奥德登场了。

到底是能说会道的辩手，奥德先不说话，而是露出一个神秘的微笑。待大家屏气凝神时，他才从容不迫、有条不紊地把自己贡献过的计谋和策略一一详述：

1. 当年女神海伦到了婚配年龄，她老爹斯巴达国王丁德拉斯（Tyndareus）决定比武招亲。话说这个丁德拉斯也是够惨的，老婆被宙斯看上，天君化身天鹅将其占有，生下的海伦由丁德拉斯抚养——真是为他人的风流买单。海伦择婿的消息一出，全希腊的王亲贵族蜂拥而至。因为斯巴达聚集了太多富二代、官二代，丁德拉斯开始担心局面失控，便求助足智多谋的奥德。我们这位奥德从来都是无利不起早。他对海伦智商过人的表妹佩涅动了心思。为了让丁德拉斯同意他娶佩涅，于是献出一条计策作为交换，就有了著名的丁德拉斯之誓：在奥德的游说下，所有争夺海伦的王子达成一项共识——让海伦自己选择，并保证这个幸运之人不受侵犯。因为这个誓言，海伦被拐跑后，老公墨涅拉才能组团攻打特洛伊。提起这件往事，奥德的潜台词是：没了我，希腊盟军根本建立不了。

2. 当年离斯的母亲为了不让他在战场英年早逝而将他隐藏在女孩子当中，是奥德略施小计让他暴露真实身份，并晓以大义，把他拉入了革命队伍中。潜台词：没有我，天下第一勇士根本不会出山，因为有预言称，只有离斯的加入，才能保障希腊人顺利攻下特洛伊。

3. 当年孟农得罪了天神忒弥斯（阿波罗的双胞胎妹妹，一位很不好惹的女神），导致大军困在海上无法航行。若要平息忒弥斯的怒火，孟农必须将自己的亲生女儿活祭。奥德想出一条对策：他派人送信给孟农之女，说要将她许配给青年才俊离斯，将她从老家骗到了军营来送人头。潜台词：没有我，我们根本无法到达特洛伊。

4. 之前，希腊军队饱受瘟疫之灾，查明原因后，奥德出面跟阿波罗赔礼道歉，并重归于好（这兄妹俩轮流虐希腊人啊）。潜台词：没有我，整个军队都要覆没。

5. 最后，奥德重磅出击："以上所说都是次要的。重要的是，我已想到结束这场战争的妙招。大家不是都听过特洛伊城墙坚不可摧、无法攻破吗？我已经琢磨出一个绝妙的对策。事关机密，暂时不能透露更多，但我以宙斯之名向大家保证，这条计谋可以让严守了十年之久的特洛伊彻底灭亡。"他确实所言不虚，这就是后来大名鼎鼎的木马计。它奏效时，特洛伊人会自己拆掉城墙，迎木马进去。听到这里，群众沸腾了，谁不想早点奏凯而归，与家人重聚？如果前面所说都不够打动人心的话，那么这破城之法就是致命的诱惑。所以毋庸置疑，大家都投票给了奥德。

8 / 沙子里的匕首

这下大埃阿斯不仅与离斯的铠甲无缘，而且在众人面前丢光了颜面。等人群散去后，他独自一人呆呆地在原地踟蹰，眺望着远处的血色夕阳。耻辱像毒蛇般吞噬着他的心，绝望更像一张大网缠绕着他的人。他脑中的声音只有一个：就算他一身功勋，就算他再立奇功，今日之事都会成为永远的笑柄，无论走到哪里都如影随形，挥之不去。想到这里，他痛苦地大吼一声，抽出随身的匕首，插在沙子里，狠狠地扑了上去。利刃顿时将胸口穿透，鲜血如泉水般涌出。

关于这个结局，有不同的版本，有的说大埃阿斯先是疯了，做了一堆可笑的傻事，清醒之后才了断自己；也有的说奥德的老帮手兼半个情人雅典娜迷乱了大埃阿斯的意志，导致他一时冲动，酿成了悲剧。总之，一员大将就这样被彻底葬送：当他征战多年的身躯砰然倒下时，一个英雄的时代也随之结束。

两部不一样的《伊利亚特》和《奥德赛》，总会让人有意无意地将主角离斯和奥德做比较。估计欣赏后者的读者不在少数，毕竟斗智不斗勇，玩权谋强过硬碰硬。

但细想奥德做的事情，桩桩件件都是暗中使诈，欺负弱小，没有一次对抗过强权或挑战过不公平法则。

比如诓骗孟农的女儿，使诈将木马“送”入特洛伊——以至于后来英语有一句谚语“提防希腊人送的礼物”——此外，入了特洛伊城后，奥德人开杀戒，把赫克托的稚子从城墙上扔了下去。在以前，英雄的形成来自为人的光明磊落，战场上的冲锋陷阵，政治上的真知灼见，对朋友的肝胆相照和对乡里的照顾。奥德显然推翻了这个传统。他成功上位的模式是否意味着人类文明的进步，完全是见智见仁。

相比之下，死去的大埃阿斯和离斯代表的是最纯粹的英雄情怀。他们为人开诚布公，所思所想几乎可一眼望穿。这份坦诚的背后，是对自我与他人、社会、万物之间高度契合的渴望，即中国所谓的“天人合一”。与他们相比，奥德却处处藏有一手，连对至亲至爱的枕边人都猜忌和隐瞒，以至于他的内心深处总有一个角落让人无法看透。奥德的复杂可能是饱受创伤后的自我保护，又或许是迎合大环境的改变。

无论源于何处，奥德的巧言善辩成了希腊文化推崇的一部分，并在雅典民主时期的后半段格外明显。当时有群靠嘴皮子发家的政客，他们颠倒黑白，混淆是非，常常把民众哄得七荤八素，但在华丽言辞的背后却没有行动和担当，真实演绎了什么叫说的比唱的好听。接下来便有了让雅典惨败的伯罗奔尼撒战争和对抗马其顿与罗马时的一蹶不振。希腊在公元前 5 世纪后何去何从，敬请关注。

《了不起的古希腊》前半部之旅就此结尾。

收笔之处，不禁心中落寞，且献上一行品达的残句，来纪念历史天空中已然逝去的英雄人物和事迹：

天上的星星、
地上的河流
和海中的波涛，
它们昼夜轮转，
不断低吟着
你的陨落。